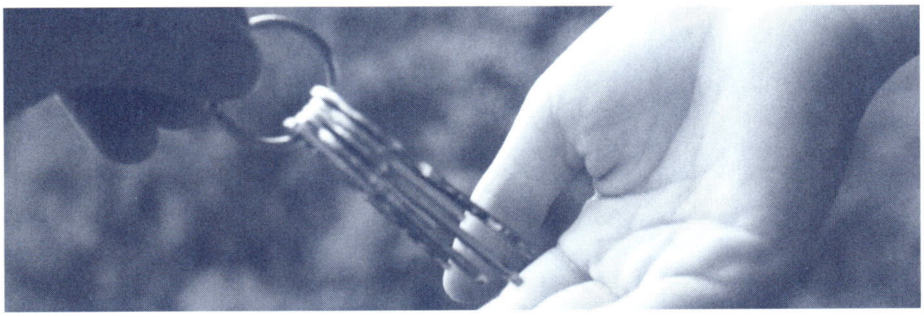

Donations & successions

indicator

Rédaction mise à jour le 15 octobre 2008.
Première édition - Deuxième impression - E01P2

D/2008/6040/19
ISBN 978-90-78755-45-6

Avant-propos

Ce n'est pas que j'aie vraiment peur de mourir, mais je préfère ne pas être là quand ça arrivera…

Woody Allen

Les notaires sont souvent confrontés à l'organisation de la vie après la mort d'un être cher en participant avec les successeurs à la liquidation juridique de la succession.

Ces questions, souvent techniques, juridiques et délicates, surgissent à un moment humainement toujours difficile.

Planifier la succession, aider à mieux comprendre les enjeux en termes simples, encadrer de manière pragmatique et accessible nous paraît un défi de première importance.

Cet ouvrage pourra, nous l'espérons, vous fournir les premières clés pour ouvrir les débats et faciliter l'approche de cette problématique à laquelle nous serons tôt ou tard tous confrontés.

Bonne lecture !

Roland Stiers,
Président du Conseil communautaire francophone de la Fédération Royale du Notariat belge

Didier Crahay
Rédacteur en chef aux Éditions Indicator

Table des matières

Partie 1 - Le régime matrimonial

Pourquoi, dans le cadre d'une succession (et d'une planification successorale), l'analyse du régime matrimonial a-t-elle une importance capitale ? 3

Quels sont les principaux régimes matrimoniaux existants en Belgique ? 3

Comment exprimer le choix du régime matrimonial ? 3

Est-il possible de changer de régime matrimonial pendant le mariage ? 4

Quelle est la spécificité du régime légal (communauté d'acquêts) ?. 4

De quels éléments se compose le patrimoine propre de chaque époux ? 4

De quels éléments se compose le patrimoine commun des époux ? 5

Quelle est la spécificité du régime de séparation de biens ? 5

Quelle est la spécificité du régime de communauté universelle ?. 5

Je suis marié, qu'adviendra-t-il de mes biens le jour de mon décès ? 5

Dans le cadre d'un régime de communauté, puis-je attribuer des droits plus étendus dans le patrimoine commun à mon conjoint survivant ? 6

Quelles sont les clauses les plus connues ?. 7

Quels sont les avantages et les inconvénients de ces clauses ? 8

Qu'en est-il si je suis marié sous le régime de séparation de biens ?. 8

J'envisage de me remarier et j'ai des enfants nés d'une précédente relation, puis-je attribuer moins de droits successoraux à mon conjoint survivant ?. 9

Partie 2 - La cohabitation légale

Qu'est-ce que la cohabitation légale ? 13

En tant que cohabitant légal, hérite-t-on bien l'un de l'autre ? 13

Cohabiter légalement signifie-t-il que tout est réglé sur le plan successoral ? 14

Est-il utile de rédiger un testament en faveur de mon cohabitant légal ? 14

Qu'est ce qu'une clause d'accroissement ou tontine ? Est-ce intéressant lors de l'achat d'une habitation ? 15

Comment protéger le cohabitant légal survivant lorsque vous avez des enfants ensemble ?. 16

Partie 3 - Le droit des successions

Quels sont les termes les plus utilisés ? 19
Quand s'ouvre la succession ? 19
Comment peut-on hériter ? 20
Qui peut hériter ? 20
Que se passe-t-il quand deux proches décèdent en même temps ? Héritent-ils l'un de l'autre ? 21
Est-on obligé d'accepter une succession ? 21
Dans quels cas doit-on accepter purement et simplement la succession ? 22
Dans quel cas doit-on accepter la succession sous bénéfice d'inventaire ou y renoncer ? 22
Quelles sont les formalités pour renoncer ou pour accepter sous bénéfice d'inventaire ? 22
Quels sont les avantages et inconvénients, notamment fiscaux, des différents choix ? 23
Qui est héritier légal ? 23
Qui hérite si le défunt laisse des descendants ? 24
Qui hérite si le défunt ne laisse pas de descendants ? 24
Qui hérite si le défunt ne laisse pas de parents ? 25
Qu'est-ce que la "réserve" et la "quotité disponible" ? 25
Qu'est-ce que la "représentation successorale" ? 26
Qu'est-ce la "fente successorale" ? 26
L'enfant adopté hérite-t-il aussi ? 27
Le donateur peut-il récupérer le bien qu'il a donné ? 27
Quels sont les droits de l'époux ou du cohabitant légal ? 27
Peut-on limiter les droits de l'époux ou du cohabitant légal ? 28
Comment décider soi-même de sa succession ? 28
Qui peut faire un testament ou une donation ? Qui peut en bénéficier ? 29
Qu'est-ce qu'un legs ? 29
Quelles sont les formes de testament ? 30
Quels sont les avantages et inconvénients de chaque type de testament ? 30
Comment connaître l'existence d'un testament ? 30
Quelles sont les dispositions qu'un testament peut contenir ? 31
Peut-on donner de son vivant ? 31
De quoi se compose une succession ? 32
Les donations ou testaments faits par le défunt interviennent-ils dans la composition de la succession ? 32
Lors du partage, doit-on tenir compte des donations faites du vivant ? 34
Peut-on dispenser les donations du rapport ? 35
Qu'est-ce que l'usufruit ? 36
Que représente l'usufruit de l'époux ou du cohabitant légal ? 37
Peut-on convertir l'usufruit en un capital ? 37
Que contient la loi sur les petits héritages ? 38

La succession peut-elle être influencée par une assurance vie ? 39
De quoi se compose, fiscalement parlant, la succession taxable ? 40
Certains biens ou certaines opérations peuvent-ils être réintégrés par l'administration fiscale ? 40
Quelles sont les dettes qui peuvent être déduites de l'actif taxable ? 43

Partie 4 - Droits de succession relatifs à la Région wallonne et à la Région de Bruxelles-Capitale

Pourquoi s'intéresser aux droits de succession ? 47
Qui sont les héritiers et légataires ? 47
Qui doit payer les droits de succession ? 49
Sur quels éléments du patrimoine les droits de succession sont-ils dus ? 49
Quels critères déterminent les taux des droits de succession ? 50
Quel est le tarif général des droits de succession en Région wallonne ? 51
Quel est le tarif général des droits de succession à Bruxelles ? 52
Existe-t-il une règle particulière lorsque le défunt détenait des avoirs investis à titre professionnel ? 53
Comment se calculent les droits de succession ? 53
Quand doit-on payer les droits de succession ? 54
Doit-on payer des droits de succession quel que soit le montant dont on hérite ? 55
Existe-t-il des exemptions supplémentaires prévues pour les enfants du défunt qui n'ont pas atteint l'âge de 21 ans ? 56
Existe-t-il des réductions de l'impôt successoral ? 59
Quelle réduction applique-t-on pour l'héritier qui a trois enfants de moins de 21 ans ? 59
Doit-on payer deux fois les droits de succession, si deux décès surviennent dans la même année ? 59
Quels sont les taux en cas de legs à une commune, à une association, ... ? 60
Quelles sont les règles applicables en cas de transmission d'entreprise ? 61
Certaines personnes peuvent-elles être assimilées à des héritiers en ligne directe ? 62
Existe-t-il des règles particulières si l'on hérite d'un immeuble où est établi le logement familial ? 62
Comment se calculent les droits de succession du conjoint survivant ? 63
Que se passe-t-il si un des héritiers ou légataires a renoncé à la succession ? 65
Que se passe-t-il si une personne domiciliée à l'étranger possède un immeuble en Belgique ? 66
La masse imposable comprend-elle les immeubles situés à l'étranger et appartenant à un habitant du Royaume ? 66
Quel est l'impact sur les droits de succession en cas de donation datant de moins de trois ans avant le décès si cette donation a fait l'objet de droits d'enregistrement ? 66

Partie 5 - Les possibilités de planification successorale

L'optimisation fiscale en matière de droits de succession est-elle permise ? 71
Est-il possible de planifier sa succession via son contrat de mariage ? 72
Lorsque les époux ont prévu une clause d'attribution, comment procéder lorsque le domicile familial fait partie du patrimoine commun ? 72
Des nuances peuvent-elles être apportées à la clause d'attribution totale du patrimoine commun ? 73
Un époux peut-il donner à son conjoint, via son contrat de mariage, les biens propres qu'il aura au moment de son décès ? 75
Comment protéger le conjoint survivant dans les couples ayant opté pour un régime de séparation de biens ? 75
Puis-je planifier ma succession en faisant des donations de mon vivant ? 77
Quel est le tarif applicable aux donations immobilières ? 78
Quel est le tarif applicable aux donations mobilières ? 81
Existe-t-il une possibilité de faire une donation mobilière en évitant de payer tout droit ? 82
Quelles sont les conséquences de la suppression des titres au porteur sur les donations d'effets mobiliers ? 82
Quel type de donation privilégier pour des biens mobiliers : la donation notariée, par virement bancaire ou manuelle ? 83
Quelles sont les modalités ou charges que l'on peut joindre à une donation manuelle ou par virement bancaire ? 83
Comment limiter les conséquences du décès du donateur dans les trois ans qui suivent la donation ? 85
Pratiquement comment se passe une donation mobilière ? 85
Peut-on faire une donation en gardant un contrôle sur les biens donnés ? 86
Quel document signer pour conserver la preuve des modalités de la donation ? 87
Toute donation mobilière peut-elle bénéficier du taux réduit ? 88
Qu'en est-il d'une donation ou transmission d'entreprise ? 89
Quels sont les avantages d'une donation d'immeuble ? 91
Existe-t-il des particularités pour la donation de l'immeuble familial ? 92
J'ai fait des donations à mes enfants. Comment éviter des disputes lors de mon décès ? 93
Comment avantager un enfant par rapport à un autre ? 94
Comment des parents peuvent-ils donner un immeuble à leurs enfants ? 94
Le donateur peut-il payer les droits de donation ? 97
Quel est l'impact d'une donation de la nue-propriété d'un immeuble sur la déduction du prêt hypothécaire ? 97
Puis-je faire une donation à mon fils tout en prévoyant qu'à son décès les biens donnés reviendront à ma fille ? 98
J'ai fait une donation. Reste-t-il des droits de succession à payer par le donataire ? 99
Que se passe-t-il en cas d'achat d'un appartement à la mer avec les enfants ? 100

Je souhaite donner mon immeuble. N'est-il pas plus avantageux de le vendre et d'en donner le prix ? 101
Quelle est l'incidence de la suppression des titres au porteur en matière de donation ? 102
Puis-je transférer mon patrimoine via la constitution d'une société ? 102
Je souhaite créer une société pour transférer mon patrimoine, quelle forme de société choisir ? 104
Comment faire une donation à mes enfants mineurs ? 105
N'y a t il pas une alternative aux droits de donation ? 106

PARTIE 1

Le régime matrimonial

Pourquoi, dans le cadre d'une succession (et d'une planification successorale), l'analyse du régime matrimonial a-t-elle une importance capitale ?

Le régime matrimonial est l'ensemble des règles qui régissent les relations patrimoniales entre époux.

Il peut donc paraître étrange de consacrer la première partie de ce livre à l'examen de cette notion. Or, pour toute personne mariée, le régime matrimonial joue un rôle substantiel dans le règlement de sa succession ou dans l'élaboration d'une planification successorale. En effet, l'analyse des règles du régime matrimonial fera sans nul doute l'objet de la première question que tout conseiller (qu'il soit avocat, notaire, banquier, ...) devra se poser, sous peine de voir les solutions proposées privées de tout effet.

Quels sont les principaux régimes matrimoniaux existants en Belgique ?

Les trois régimes principaux sont :

- le régime de communauté d'acquêts, également dénommé "communauté légale", car il s'applique par défaut aux époux n'ayant pas opté pour un autre régime dans un contrat de mariage;
- le régime de séparation des biens;
- le régime de communauté universelle.

Citons encore quelques variantes telles que le régime de séparation de bien avec adjonction d'une société d'acquêts, le régime de la participation aux acquêts.

Comment exprimer le choix du régime matrimonial ?

Si les futurs époux ne choisissent pas de régime matrimonial avant la célébration de leur mariage, le régime légal ("communauté d'acquêts") s'appliquera par défaut, comme le prévoit le Code civil.

Toutefois, si la volonté des futurs époux est d'opter pour un autre régime matrimonial ou de modaliser certaines dispositions de l'un ou l'autre régime, il est recommandé d'exprimer ce choix avant la célébration du mariage, et ce impérativement dans le cadre d'un contrat ("contrat de mariage") signé devant notaire. À défaut, c'est donc le régime de communauté d'acquêts qui s'appliquera, dès la sortie de l'hôtel de ville.

Est-il possible de changer de régime matrimonial pendant le mariage ?

Oui, les époux peuvent changer toutes les clauses de leur régime matrimonial prévues dans leur contrat de mariage. Ils peuvent décider d'adopter un tout autre régime matrimonial que celui qui régit leur relation depuis la célébration de leur mariage. Ils peuvent également, tout en conservant le même régime matrimonial, supprimer ou ajouter certaines clauses relatives p.ex. à la liquidation de leurs avoirs dans le cadre d'un décès, changer le statut d'un bien (en apportant un bien propre au patrimoine commun, ...).

La procédure de modification du régime matrimonial s'est considérablement assouplie depuis le 1er novembre 2008. Par le passé, certaines procédures de modification nécessitaient la rédaction de plusieurs actes notariés et l'intervention du tribunal. Aujourd'hui, ce n'est plus le cas. Le gain de temps est considérable.

Rappelons néanmoins que cette modification requiert le consentement des deux époux et n'intervient que pour l'avenir.

Quelle est la spécificité du régime légal (communauté d'acquêts) ?

Ce régime matrimonial fait coexister trois patrimoines dans le chef des époux, à savoir :

- le patrimoine propre du mari;
- le patrimoine propre de la femme;
- le patrimoine commun des époux.

De quels éléments se compose le patrimoine propre de chaque époux ?

Il s'agit principalement :

- des biens et des dettes que les époux possèdent ou doivent avant le mariage;
- des biens et des dettes que chacun des époux acquiert pendant le mariage par donation, succession ou testament;
- des biens acquis pendant le mariage par un des époux en remploi de fonds provenant de son patrimoine propre (p.ex. l'achat d'un immeuble grâce à de l'argent reçu);
- des dettes propres, telles que celles contractées par un des époux dans l'intérêt exclusif de son patrimoine propre (p.ex. les droits de successions payés sur un héritage).

De quels éléments se compose le patrimoine commun des époux ?

Il s'agit essentiellement :

- de tous les revenus de l'activité professionnelle de chacun des époux (ainsi que les revenus ou indemnités en tenant lieu);
- des revenus et intérêts des biens composant les patrimoines propres (p.ex. le loyer d'un immeuble propre à un des époux);
- des biens et dettes dont la preuve de leur caractère propre ne peut être établie;
- des biens acquis pendant le mariage au moyen de fonds provenant du patrimoine commun;
- des dettes contractées conjointement par les deux époux, ainsi que celles contractées par un des époux pour les besoins du ménage, l'éducation des enfants et dans l'intérêt du patrimoine commun.

Quelle est la spécificité du régime de séparation de biens ?

Ce régime matrimonial fait coexister deux patrimoines dans le chef des époux :

- le patrimoine propre du mari;
- le patrimoine propre de la femme.

Il n'y a donc pas de patrimoine commun dans ce régime. Chaque époux conserve la propriété exclusive de ses biens acquis tant avant que pendant le mariage, ainsi que des dettes contractées tant avant que pendant le mariage.

Quelle est la spécificité du régime de communauté universelle ?

Ce régime matrimonial est caractérisé par l'existence d'un seul patrimoine commun. Il se compose de tous les biens et dettes des époux, acquis, hérités ou reçus tant avant le mariage que pendant celui-ci. Il n'y a donc pas de patrimoine propre à chacun des époux.

Je suis marié, qu'adviendra-t-il de mes biens le jour de mon décès ?

Dans le cadre d'un régime de communauté, chaque époux reste propriétaire de ses biens personnels (patrimoine propre); les biens communs (patrimoine commun) appartiennent aux deux époux.

En l'absence de dispositions de dernières volontés ou de clauses particulières dans le contrat de mariage :

- si les époux n'ont **pas d'enfants**, le survivant recueillera alors toute la communauté en pleine propriété et aura un droit d'usufruit sur les biens propres laissés par son conjoint s'il existe d'autres héritiers que des descendants, dans la famille du défunt (parents, frères, sœurs, neveux et nièces, ...).

  À défaut de successible dans la famille du défunt, l'époux survivant héritera alors de la pleine propriété des biens propres;
- si les époux ont **des enfants**, le conjoint survivant aura un droit d'usufruit, sur les biens propres et sur la moitié des biens communs; l'autre moitié des biens communs restant en pleine propriété au conjoint survivant.

Dans le cadre d'un régime de séparation de biens, chaque époux reste propriétaire de ses biens personnels et il n'existe pas de patrimoine commun.

- si les époux n'ont **pas d'enfants** et s'il existe d'autres successibles, que des descendants, dans la famille du défunt (parents, frères, sœurs, ...), le survivant recueillera alors un droit d'usufruit sur les biens propres laissés par le défunt.

  À défaut de successible dans la famille du défunt, l'époux survivant héritera alors de la pleine propriété des biens propres;
- si les époux ont **des enfants**, le conjoint survivant aura un droit d'usufruit sur les biens propres du défunt.

Dans le cadre d'un régime de communauté, puis-je attribuer des droits plus étendus dans le patrimoine commun à mon conjoint survivant ?

Il est courant d'entendre qu'il n'est pas possible de déshériter ses enfants et que ceux-ci ont droit à un minimum dénommé "la réserve" (dont les règles seront abordées dans la partie 3 du présent ouvrage).

Cette affirmation doit être quelque peu nuancée, principalement dans le cadre d'un régime de communauté, en vertu de certaines dispositions qui peuvent figurer dans le contrat de mariage.

Car, il existe, dans la pratique, certaines clauses dites de "partage inégal de la communauté" en cas de décès. Celles-ci ont pour effet d'attribuer au survivant des époux, et avant tout partage, la totalité du patrimoine commun en pleine propriété ou un/des bien(s) déterminé(s). Ces dispositions ne sont pas soumises à la règle de la réserve, sauf à l'égard des enfants nés d'une autre union, de sorte que la clause n'aura alors qu'une portée limitée et ne jouera pas entièrement. Une très grande autonomie est laissée à la volonté des époux.

Quelles sont les clauses les plus connues ?

Ces clauses de "partage inégal de la communauté" doivent figurer dans le contrat de mariage, dès la conclusion de celui-ci, ou éventuellement en cours de mariage, via une modification du contrat de mariage. Si une telle clause a été prévue dans le contrat de mariage, il demeure possible de la révoquer ou de la remplacer ultérieurement, en modifiant le contrat de mariage (et ce avec l'accord commun des époux).

Les mécanismes les plus connus sont :

l'attribution de communauté :

Cette clause est destinée à laisser, au décès d'un des époux, la pleine propriété de tout ou d'une partie des biens composant le patrimoine commun au conjoint survivant. La volonté des époux peut être de donner une plus grande protection qu'un droit d'usufruit au conjoint survivant et de lui conférer une plus grande maîtrise des biens communs lorsqu'il se retrouvera seul. Devenant alors propriétaire exclusif de tous les biens du patrimoine commun, il en conservera seul la gestion et sera à même de décider de la vente des biens, de gérer les économies (quitte à tout dilapider). Si le couple a des enfants communs, ceux-ci ne recevront les biens issus du patrimoine commun (à tout le moins le solde) qu'au jour du décès de leur parent survivant.

la clause de préciput :

La clause de préciput permet au conjoint survivant, avant tout partage, de reprendre en nature un ou certains biens déterminés du patrimoine commun, voire une somme d'argent sans devoir les imputer sur sa part. Contrairement à la clause d'attribution de communauté, on vise en l'occurrence un bien déterminé, comme, par exemple, la maison familiale, un commerce, ...

la clause de reprise sur prisée :

Cette clause, inscrite également dans un contrat de mariage (ou une modification ultérieure), permet au conjoint survivant de reprendre en nature, au décès de son conjoint, un bien du patrimoine commun, mais en versant une somme correspondant à la valeur du bien ainsi repris. Un des avantages de cette clause permet à l'époux survivant de reprendre p.ex. l'exploitation commerciale et de poursuivre son activité professionnelle, sans pour autant déposséder les héritiers de son conjoint.

Quels sont les avantages et les inconvénients de ces clauses ?

Ces clauses peuvent présenter de précieux avantages mais aussi de lourds inconvénients.

Parmi les avantages, on citera que le conjoint survivant conservera une plus grande maîtrise des avoirs acquis et économisés durant le mariage, sans aucune intervention des enfants, ce qui peut être utile si l'entente avec ceux-ci s'est dégradée, ou si les enfants sont encore mineurs. La protection de l'époux survivant est dès lors accrue, puisqu'il pourra disposer à son gré des biens (meubles comme immeubles, en tout ou en partie) dans une relative sérénité jusqu'à son décès.

Toutefois, cette clause présente deux inconvénients majeurs :

- cette liberté totale dans la gestion des biens issus du patrimoine commun ôte tout pouvoir de contrôle aux enfants, notamment si le conjoint survivant, sous mauvaise influence ou non, décide de dilapider tous les avoirs économisés durant de nombreuses années de mariage;
- les droits de succession seront élevés. En résumé, au décès du premier des époux, le conjoint survivant paiera des droits de succession plus élevés (en raison de la progressivité de l'impôt), puisqu'il recueille seul la part de l'époux prédécédé dans le patrimoine commun; et, en outre, lors de son décès, les enfants paieront à nouveau des droits de succession sur la valeur totale des biens restants, générant ainsi une double taxation pour la moitié des mêmes biens. Celle-ci est-elle bien utile, alors que la relation avec les enfants est au beau fixe et que la protection conférée par l'usufruit permet au conjoint survivant de conserver une qualité de vie confortable ?

Il est souvent difficile de se projeter dans l'avenir (parfois très éloigné) et de savoir avec certitude s'il est nécessaire de recourir à cette clause. En effet, il est plutôt malaisé pour les (futurs) époux de se fixer quant à l'une ou l'autre option (s'en référer à ce que la loi prévoit, ou au contraire modaliser sa succession). C'est principalement la raison pour laquelle la pratique a également développé des formules, dites alternatives et optionnelles, permettant au conjoint survivant d'opter, au jour du décès, entre plusieurs attributions (allant du partage de droit commun prévu par la loi, à l'attribution totale de la communauté au survivant) en vue de s'attribuer ce qui lui paraîtra nécessaire, en fonction de ses besoins, de ses relations avec les enfants, et au terme d'un calcul du coût fiscal.

Qu'en est-il si je suis marié sous le régime de séparation de biens ?

Dans le cadre du régime de la séparation de biens, il existe également un mécanisme qui permet d'attribuer plus de droits successoraux au conjoint survivant. Il s'agit des institutions contractuelles, plus communément appelées "donations entre époux".

Elles sont utilisées, dans la pratique, lorsque les époux veulent s'avantager l'un l'autre en cas de décès, et plus particulièrement pour les époux mariés sous le régime de séparation de biens, qui ne peuvent pas se protéger via une clause d'attribution de communauté, voire une clause de préciput.

Il s'agit pour les époux de disposer de tout ou partie des biens qui composeront la succession du prémourant au profit du conjoint survivant.

Toutefois, contrairement aux clauses ci-dessus exposées dans le cadre des régimes de communauté, l'avantage procuré au conjoint survivant ne peut dépasser la quotité disponible de la succession, autrement dit les enfants ne pourront jamais être totalement privés de leur part dans la succession de l'époux prédécédé.

La donation entre époux peut être prévue dans le cadre d'un contrat de mariage (ou une modification de celui-ci), mais sera alors irrévocable sauf accord exprès des deux époux quant à sa suppression ou sa modification (constatée dans un acte notarié).

Cette irrévocabilité peut être évitée si la donation entre époux est faite pendant le mariage mais hors du contrat. Elle sera alors prévue dans deux actes notariés, un pour chaque époux individuellement, lesquels pourront alors le modifier à leur guise, sans l'accord de l'autre.

Les mêmes avantages (protection du conjoint survivant accrue) et inconvénients (surcoût quant aux droits de succession), que ceux des clauses d'attribution de communauté, existent dans ce mécanisme.

J'envisage de me remarier et j'ai des enfants nés d'une précédente relation, puis-je attribuer moins de droits successoraux à mon conjoint survivant ?

À l'heure actuelle, bon nombre de familles sont dites "recomposées" et il est fréquent que des couples soient déjà, au jour de leur rencontre, père et mère d'enfants nés de précédentes relations. Ces situations peuvent engendrer quelques difficultés quant à leur succession.

En effet, imaginons l'exemple d'un couple dont Monsieur a déjà un enfant d'une précédente relation et Madame, deux enfants issus d'un précédent mariage. Souhaitant se remarier, ils s'interrogent quant à leur succession. En effet, chacun dispose respectivement d'un patrimoine personnel, lui permettant de garder un train de vie confortable jusqu'à la fin de ses jours, et souhaite transmettre ce patrimoine directement à ses propres enfants.

Toutefois, s'ils se marient, la loi prévoit que le conjoint survivant est usufruitier de la succession du prémourant. En outre, cet usufruit est pour partie un droit réservataire impossible à supprimer, malgré l'existence de dernières volontés en ce sens. Pourtant leur volonté est claire et réfléchie.

La loi permet aux époux, qui ont des enfants issus d'une relation antérieure, de conclure un accord permettant de limiter la part réservataire (c'est-à-dire l'usufruit) du conjoint survivant : il leur est permis de réduire, voire de supprimer, le droit d'usufruit (et autres droits successoraux) en cas de décès du premier d'entre eux. Pour recourir à ce mécanisme, il est nécessaire qu'au moins un des deux époux ait au moins un enfant issu d'une relation antérieure (mariage ou non) à la nouvelle union.

Cette volonté doit absolument être constatée dans un contrat de mariage (ou une modification de celui-ci). Elle sera intégrée dans une clause dénommée “pacte successoral”, qui peut être réciproque (les deux époux renonçant dans la même mesure à leurs droits successoraux respectifs) ou unilatérale (un seul des époux renonçant à ses droits).

Il existe une exception importante à cette limitation des droits successoraux du conjoint survivant : cet accord ne peut en aucun cas priver le conjoint d'un droit d'usufruit sur l'immeuble affecté au logement principal de la famille (ainsi que sur les meubles qui l'agrémentent).

Partie 2

La cohabitation légale

Aujourd'hui, les personnes désireuses de vivre ensemble ont le choix parmi diverses solutions pour l'organisation de leur vie commune.

Les mentalités changent de sorte que la place centrale traditionnellement occupée par l'institution du mariage dans l'organisation du "vivre ensemble" tend à décliner au profit de figures alternatives.

À cet égard, la cohabitation légale est souvent présentée comme un statut intéressant pour des personnes vivant ensemble et désireuses de s'assurer une certaine sécurité.

Elle diffère de la simple "cohabitation de fait" - ou union libre - à laquelle la loi n'assortit pas d'effet juridique.

Qu'est-ce que la cohabitation légale ?

Le droit belge consacre la "cohabitation légale" qui permet à deux personnes de bénéficier d'une protection juridique minimale moyennant l'accomplissement d'une série de démarches.

La formalité principale consiste à déposer une déclaration de cohabitation effectuée par les intéressés auprès de l'officier d'état civil de la commune dans laquelle ils résideront.

La cohabitation légale a un champ d'application très large, puisqu'elle est accessible à toutes personnes, quels que soient leur sexe ou la nature de leurs relations (amis, concubins, parents).

La loi a organisé, pour les cohabitants légaux, un régime juridique qui s'apparente à celui des époux mariés en séparation des biens. Ce régime peut toutefois faire l'objet d'aménagements au moyen de conventions passées devant un notaire.

À la différence du mariage, il peut être mis fin unilatéralement à la cohabitation légale, sans motif, sans délai, par la simple remise d'une déclaration à l'officier de l'état civil, par le mariage ou encore par le décès de l'un des cohabitants.

En tant que cohabitant légal, hérite-t-on bien l'un de l'autre ?

La cohabitation légale a un régime juridique propre qui diffère sur le plan civil et sur le plan fiscal.

Jusqu'il y a peu, l'assimilation des cohabitants aux époux était limitée aux aspects fiscaux (c'est-à-dire que les taux d'imposition étaient identiques), tandis que, sur le plan civil, les cohabitants - légaux ou de fait - n'étaient pas considérés comme des héritiers légaux.

Contrairement à l'époux survivant, le cohabitant légal ne pouvait pas bénéficier de la protection offerte par le statut d'héritier et, dès lors, seul le recours à des dispositions contractuelles ou testamentaires permettait de protéger le survivant du couple.

Depuis 2007, la cohabitation légale est assortie de droits sur le plan successoral civil. Désormais, le cohabitant légal survivant recueille, en principe, l'usufruit sur l'immeuble affecté, durant la vie commune, à la résidence de la famille et sur les meubles qui le garnissent, quels que soient les autres héritiers du défunt.

Ce droit à l'usufruit ne s'exerce toutefois que sur la part du défunt dans cet immeuble, ce qui limite la portée du mécanisme dans l'hypothèse où le bien appartient à plusieurs propriétaires en indivision.

Si le défunt était locataire de l'immeuble affecté à la résidence commune, son partenaire bénéficiera prioritairement du droit au bail sur cet immeuble et de l'usufruit sur les meubles qui le garnissent, à l'exclusion de tout autre héritier.

Cependant, les droits successoraux accordés par la loi au cohabitant légal survivant présentent deux inconvénients :

- le droit à l'usufruit est limité à l'immeuble de résidence, et ce en présence ou non d'autres héritiers. Dès lors, en cas de décès d'un cohabitant sans famille proche, l'État recueillera le reste de la succession;
- d'autre part, le cohabitant survivant ne bénéficie pas d'une "réserve". Il peut donc être déshérité par testament ou se voir privé de son droit par des donations que le défunt aurait pu faire de son vivant.

Cohabiter légalement signifie-t-il que tout est réglé sur le plan successoral ?

Fiscalement, il existe une certaine assimilation entre les époux et les cohabitants légaux, puisque, sous réserve des particularités régionales, ceux-ci bénéficient du même taux d'imposition à l'impôt sur les successions.

Civilement, par contre, les droits successoraux du cohabitant légal survivant sont plus limités que ceux du conjoint survivant. Il n'est donc pas inutile de prendre des dispositions supplémentaires.

Est-il utile de rédiger un testament en faveur de mon cohabitant légal ?

En principe, le cohabitant légal n'héritera que de l'usufruit sur l'immeuble familial, la rédaction d'un testament reste donc indispensable pour lui transmettre des biens en pleine propriété ou modaliser le transfert de la succession.

En outre, les descendants du défunt - enfants, petits-enfants - qui cumulent la qualité de cohabitant légal ne bénéficient pas des droits successoraux du cohabitant légal et ne peuvent donc pas hériter en leur double qualité. Les autres héritiers légaux - frères et sœurs, neveux et nièces et ascendants - le peuvent quant à eux.

Il faudra dès lors recourir à des mécanismes contractuels ou testamentaires si l'on veut avantager un enfant par rapport à un autre.

Qu'est ce qu'une clause d'accroissement ou tontine ? Est-ce intéressant lors de l'achat d'une habitation ?

La clause d'accroissement ou tontine est une convention par laquelle deux acheteurs, qui habitent ensemble, prévoient qu'en cas de décès de l'un d'eux la part dans l'immeuble du défunt "accroîtra" la part de celui qui survit, en propriété ou en usufruit suivant la clause choisie.

Malgré les modifications récentes relatives aux droits successoraux, la protection du cohabitant légal survivant est précaire et la possibilité de le priver, en tous temps et sans motif, de son usufruit sur l'immeuble familial a pour conséquence que, lors d'un achat commun, le recours aux clauses d'accroissement peut encore présenter un intérêt, puisque ces clauses sont uniquement résiliables de commun accord des cohabitants.

En outre, l'usufruit successoral du cohabitant légal ne portant que sur le domicile familial, des mécanismes alternatifs doivent être utilisés pour les autres biens (résidence secondaire, avoirs bancaires, etc.).

D'un point de vue fiscal, si une acquisition immobilière a été faite avec une clause d'accroissement, le transfert de la part du prémourant s'effectue, lors de son décès, moyennant le paiement d'un droit d'enregistrement de 12,5 % (10 % en Flandre) sur la valeur de la part que le survivant acquiert ainsi au décès (usufruit ou pleine propriété suivant la clause).

Une clause d'accroissement portant sur un patrimoine mobilier permet quant à elle d'attribuer les biens sans devoir payer de droits d'enregistrement ni de droits de succession.

Si la transmission de l'immeuble familial s'opère par succession, ce sont les droits de succession qui sont perçus et ils sont souvent moindres que le droit d'enregistrement de vente.

Pour pouvoir bénéficier du tarif fiscal le plus avantageux possible, la pratique a développé un mécanisme de clause d'accroissement avec option, ce qui signifie qu'au décès le survivant a le choix entre :

- l'usufruit successoral, voire un legs en pleine propriété fait en sa faveur par le défunt et le paiement de droits de succession;
- la clause d'accroissement en pleine propriété ou en usufruit suivant la manière dont elle a été rédigée, et le paiement des droits d'enregistrement de vente.

Comment protéger le cohabitant légal survivant lorsque vous avez des enfants ensemble ?

Les cohabitants légaux ont, sauf volonté contraire, vocation à l'usufruit sur la part dont le conjoint est propriétaire dans l'immeuble servant de logement familial et les meubles qui le garnissent.

Concrètement, si aucune mesure n'a été prise, les autres biens de la succession du cohabitant prémourant seront recueillis par les enfants.

Un testament au profit du cohabitant peut être envisagé, mais, dans le cas où le défunt a également des enfants, ceux-ci pourront faire valoir leur réserve.

La clause d'accroissement constitue, dans ce cas, une possibilité, du moins s'il y a égalité des chances, c'est-à-dire si les deux cohabitants sont plus ou moins du même âge et n'ont pas de problème particulier de santé.

PARTIE 3

Le droit des successions

Quels sont les termes les plus utilisés ?

Le défunt est au centre du débat qui concerne une succession.

Les personnes appelées à hériter du défunt sont dénommées "les successeurs". Il y en a trois sortes : les *héritiers*, désignés par la loi; les *légataires*, désignés par le testament du défunt; et les *donataires* (uniquement entre époux), désignés par une institution contractuelle (contrat entre époux produisant des effets similaires au testament).

L'arbre généalogique se lit en lignes, soit vers le bas (*ligne descendante*, ce sont les enfants, petits-enfants, etc.), soit vers le haut (*ligne ascendante*, ce sont les parents, grands-parents, etc.); les *ascendants* et *descendants* sont les héritiers en *ligne directe*. À défaut de lignes, il se lit latéralement : les *collatéraux* sont les héritiers qui ont un ancêtre commun avec le défunt sans être dans la même ligne (frères et sœurs, neveux et nièces, oncles et tantes, cousins).

L'arbre généalogique se compose de deux branches : la *branche paternelle* et la *branche maternelle*, chacune des branches étant traitée de manière indépendante par rapport à l'autre.

Si le défunt a des frères et sœurs issus d'unions différentes, ceux avec qui il partage le père et la mère sont appelés *germains*, ceux avec qui il ne partage que le père sont appelés *consanguins* et ceux avec qui il ne partage que la mère sont appelés *utérins*.

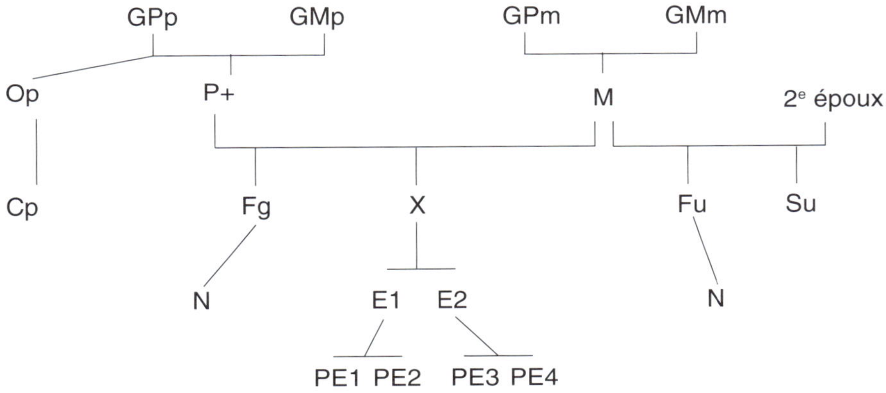

Quand s'ouvre la succession ?

La succession s'ouvre :

- avec le décès;
- avec une décision déclarative d'absence qui concerne une personne qui n'a plus réapparu à son domicile depuis un certain temps, sans certitude quant à son décès ou sa survie;
- ou par une déclaration judiciaire de décès qui concerne une personne disparue dans des circonstances laissant peu de doute quant à son décès.

Dès ce moment, certaines personnes désignées par la loi ou le défunt vont être appelées à hériter.

Le décès s'ouvre au lieu du dernier domicile du défunt; ce sont donc les tribunaux compétents en fonction de ce domicile qui trancheront les éventuels conflits nés de la succession.

Comment peut-on hériter ?

La succession est une manière de transmettre son patrimoine après son décès. Dès lors, le défunt peut décider du sort de ses biens, soit par un testament, soit au profit de son conjoint par une institution contractuelle (appelée "donation entre époux").

Si le défunt n'a rien prévu, la loi prévoit un régime qui s'applique par défaut : la "dévolution légale" de la succession. Celle-ci octroie aux proches parents du défunt des droits dans sa succession, en fonction de leur proximité dans l'arbre généalogique, partant du principe que le défunt aurait d'abord voulu avantager ses proches.

Qui peut hériter ?

Pour hériter, les successeurs doivent :

- exister au jour du décès, et donc survivre - fût-ce un instant - au défunt;
- être capable de recueillir les biens du défunt;
- et ne pas être indigne à succéder.

  Est indigne :

  1° le successeur qui serait condamné pour avoir donné ou tenté de donner la mort au défunt;

  2° celui qui aurait porté contre le défunt une accusation jugée calomnieuse;

  3° celui qui n'aurait pas dénoncé le meurtre du défunt à la justice, alors qu'il en était instruit ;

  4° le père ou la mère du défunt qui serait déchu totalement de son autorité parentale.

Que se passe-t-il quand deux proches décèdent en même temps ? Héritent-ils l'un de l'autre ?

L'une des conditions pour hériter est d'exister au jour du décès du défunt et de lui survivre. Le successible qui décède en même temps que ce dernier, par hypothèse dans un même événement (mais pas exclusivement), ne peut donc pas hériter de lui. En effet, le successible n'a pas survécu au défunt.

Concrètement, les successions respectives sont liquidées sans tenir compte de l'existence des successibles comourants.

Exemple

Un père (P) et son fils (F1) partent ensemble en vacances en Turquie, et partagent des sièges voisins dans un avion qui s'écrase avant d'atteindre sa destination. Il est impossible de déterminer qui est décédé en premier (même en tenant compte de la place de chacun dans l'avion, puisqu'ils étaient assis ensemble). P laisse un autre fils (F2) et F1 laisse un légataire universel (Lég1). Puisque Lég1 ne peut prouver que F1 a survécu à P (fût-ce un instant), il n'a aucun droit dans la succession de P et doit se contenter des biens personnels de F1. La succession de P est totalement recueillie par F2.

Est-on obligé d'accepter une succession ?

Personne n'est obligé d'accepter une succession. Les successeurs ont un choix à faire, appelé *option héréditaire*. Les effets de ce choix remontent au jour du décès, quelque soit le moment où il est réellement fait. En principe, les héritiers ont trente ans pour opter; passé ce délai, ils perdent leur droit à la succession.

L'option héréditaire est composée de trois branches :

- **l'acceptation pure et simple** : le successeur reçoit les biens du défunt, à concurrence de la part qui lui revient. Mais, attention, il devra également supporter les frais de la succession, et payer les dettes que le défunt aurait laissées. Il n'y a aucune forme particulière pour accepter une succession;
- **l'acceptation sous bénéfice d'inventaire** : c'est-à-dire accepter la succession sans être tenu des dettes du défunt qui dépasseraient l'actif successoral;
- **la renonciation** : le successeur devient alors étranger à la succession. Exemple : si vous savez que la succession est déficitaire, vous pouvez y renoncer.

Une fois le choix exercé, l'héritier ne peut plus revenir en arrière, sauf exception.

Ainsi, l'héritier qui a accepté la succession ne peut plus y renoncer ou l'accepter sous bénéfice d'inventaire. En revanche, l'héritier qui a renoncé à la succession peut encore l'accepter si personne ne s'est présenté pour la revendiquer; l'héritier qui a accepté sous bénéfice d'inventaire peut encore renoncer à ce bénéfice et accepter la succession purement et simplement.

Dans quels cas doit-on accepter purement et simplement la succession ?

Dans certaines circonstances, le choix de l'héritier est limité. Il s'agit de :

- l'héritier qui a posé des *actes d'héritier*, c'est-à-dire des actes de propriété avec l'intention de se rendre maître de la succession; il a de ce fait accepté "tacitement" la succession et ne peut plus changer d'avis.

Exemple

Il peut s'agir d'un successeur qui a vendu ou donné un élément de l'héritage ou qui a renoncé à celui-ci en faveur d'une personne déterminée (ce qui s'assimile à un don) ou contre une rémunération (ce qui s'assimile à une vente) : dans tous ces cas, il s'est comporté comme un propriétaire et non comme un simple gestionnaire de la succession.

- l'héritier qui s'est rendu coupable de recel, c'est-à-dire qui a détourné frauduleusement un effet de la succession dans l'intention de le faire échapper au partage d'avec ses coindivisaires, est de même déchu du droit d'accepter sous bénéfice d'inventaire ou de renoncer à la succession.

Dans quel cas doit-on accepter la succession sous bénéfice d'inventaire ou y renoncer ?

L'héritier qui est placé sous un statut d'incapacité (mineur, interdit, administration provisoire) ou qui est absent ne peut, par l'intermédiaire de son représentant légal ou judiciaire, accepter purement et simplement une succession : il ne peut que l'accepter sous bénéfice d'inventaire ou y renoncer.

Quelles sont les formalités pour renoncer ou pour accepter sous bénéfice d'inventaire ?

L'acceptation pure et simple de la succession peut se faire expressément en l'exprimant clairement dans un quelconque document ou tacitement par son comportement ou les actes posés. Ainsi, un héritier qui vend un bien successoral, sans rien dire préalablement quant à son choix, est censé avoir accepté purement et simplement. Il n'y a donc pas de formalité particulière.

L'acceptation sous bénéfice d'inventaire nécessite :

- une déclaration *ad hoc* au greffe du tribunal de Première Instance;
- la publication d'un avis en ce sens aux Annexes du Moniteur belge;
- la réalisation d'un inventaire authentique des biens de la succession.

Ensuite, elle implique la liquidation active de la succession par l'héritier, avec l'autorisation du tribunal en cas de vente des actifs, en vue du paiement des différents créanciers.

La renonciation à la succession doit être expresse et faite par déclaration au greffe du tribunal de Première Instance.

Quels sont les avantages et inconvénients, notamment fiscaux, des différents choix ?

L'héritier **acceptant purement et simplement** est tenu de toutes les dettes, passées, présentes et futures, de la succession. En revanche, il est libre de liquider la succession comme il l'entend, puisque les créanciers ont un recours contre son propre patrimoine; il peut, par exemple, décider de conserver pour lui un immeuble dépendant de la succession, à charge de régler les dettes avec son propre argent.

L'héritier **acceptant sous bénéfice d'inventaire** n'est tenu des dettes du défunt que dans la mesure et sur les biens composant la succession; son propre patrimoine est donc totalement protégé, sauf erreurs de gestion de sa part. Les dettes fiscales du défunt (impôts directs, TVA) sont traitées de la même manière. Cependant, la loi impose à l'héritier d'administrer et de liquider la succession, en vue du paiement des créanciers successoraux et des légataires, dans le respect de formes et conditions strictes (et notamment la vente publique des immeubles). À l'égard de l'administration fiscale, pour la perception des droits de succession (obligation de dépôt de la déclaration de succession et paiement des droits), l'héritier acceptant sous bénéfice d'inventaire est traité comme un acceptant pur et simple : il ne jouit donc d'aucun avantage sur ce plan.

L'héritier **renonçant** devient étranger à la succession : il ne bénéficie d'aucun bien successoral, mais n'est tenu à aucune dette ou charge, ni à aucun droit de succession.

Qui est héritier légal ?

À défaut d'avoir rédigé un testament ou prévu une institution contractuelle, on considère que le défunt est censé avoir voulu avantager ses plus proches parents. Sa succession est dévolue selon la règle des **ordres** (catégories familiales d'héritiers) et des **degrés** (proximité par rapport au défunt de chaque héritier dans l'arbre généalogique).

Les héritiers légaux sont, dans l'ordre : les descendants, les frères et sœurs avec les parents, les autres ascendants et, enfin, les autres collatéraux. Il convient de ne pas oublier le partenaire survivant, marié ou cohabitant légal.

Qui hérite si le défunt laisse des descendants ?

Les descendants (enfants, petits-enfants, etc.) sont les héritiers du premier ordre et excluent tous les autres parents du défunt. Chaque descendant hérite pour une part égale, et en priorité ceux qui sont du degré le plus proche du défunt. Il y a un degré à chaque génération que l'on saute depuis le défunt jusqu'à l'héritier, dans l'arbre généalogique (par exemple : l'enfant est du 1er degré, le petit-enfant du 2ème degré).

Qui hérite si le défunt ne laisse pas de descendants ?

Á défaut de descendants, ce sont les héritiers du deuxième ordre qui héritent : les **collatéraux privilégiés**, c'est-à-dire les frères et sœurs du défunt, ou leurs propres descendants (neveux et nièces) venant par "représentation" (voir cette notion ci-après).

Cependant, les collatéraux privilégiés héritent conjointement avec le père et la mère (qui sont des ascendants privilégiés); chacun d'eux recueille 1/4 de la succession, les frères et sœurs se contentant du reste (une moitié si les deux parents ont survécu, 3/4 si un seul parent a survécu).

Exemple

X décède en laissant deux frères et ses deux parents. Chaque frère hérite d'1/4 et chacun des parents hérite aussi d'1/4.

Si seule la maman avait survécu à son fils, chaque frère aurait hérité de 3/8 (soit la moitié de 3/4) et la maman hériterait du dernier 1/4.

À défaut de collatéraux privilégiés, ce sont les héritiers du troisième ordre qui héritent : les **ascendants** (parents, grands-parents, etc.) et en priorité ceux qui sont du degré le plus proche du défunt. S'il n'y a pas de successeur dans l'une des branches (paternelle ou maternelle), toute la succession est dévolue aux parents de l'autre branche.

À défaut d'ascendants et de collatéraux privilégiés, ce sont les héritiers du quatrième ordre qui héritent : les **collatéraux ordinaires** (oncles, tantes, grands oncles, grandes tantes, cousins, etc.) les plus proches; les degrés se comptent toujours par saut de génération, mais en remontant du défunt jusqu'au premier aïeul commun, puis en redescendant jusqu'à l'héritier. Seuls les héritiers se trouvant au maximum au quatrième degré, par eux-mêmes ou par représentation, héritent.

Dans ce cas toutefois, si les collatéraux ordinaires sont en "concours" avec le père ou la mère (héritier dans l'autre branche), ce(tte) dernier(ère) hérite, outre sa part (une moitié, étant celle réservée à sa branche), de l'usufruit du tiers des biens recueillis par l'autre branche.

Exemple

X décède en laissant sa mère et un cousin du côté paternel; la mère recueille la 1/2 en pleine propriété et 1/6 en usufruit et le cousin paternel recueille 2/6 en pleine propriété et 2/6 en usufruit.

Qui hérite si le défunt ne laisse pas de parents ?

À défaut de parents, le conjoint survivant recueille toute la succession; le cohabitant survivant, lui, ne recueille que l'usufruit de l'immeuble servant au logement familial et des meubles meublants, ou le droit au bail du logement familial, le reste étant alors dévolu à l'État (voir ci-après).

En l'absence de parents et de conjoint, l'État belge hérite de toute la succession.

Qu'est-ce que la "réserve" et la "quotité disponible" ?

La loi présume que toute personne souhaite préserver l'égalité entre ses héritiers et a donc prévu des règles qui permettent de préserver certains de ceux-ci; ce sont notamment les règles relatives à la "réserve".

S'il est vrai que toute personne peut disposer, par donation ou testament, de tout ou partie de son patrimoine, il n'en demeure pas moins qu'elle ne pourra jamais priver ses enfants, et/ou son conjoint survivant éventuel, de tout droit dans sa succession.

Ceux-ci recevront d'office une quote-part (dénommée "la réserve") dans les biens délaissés par le défunt.

La réserve en faveur des descendants varie en fonction de leur nombre :

- elle est de 1/2 en présence d'un seul enfant;
- de 2/3 en présence de deux enfants;
- et de 3/4 en présence de trois enfants ou plus.

La quote-part restante est la "quotité disponible" et c'est uniquement de celle-ci qu'il sera possible de disposer librement.

Le conjoint survivant jouit, quant à lui, d'une réserve d'une nature particulière, puisqu'elle est en usufruit.

Il a droit au minimum à l'usufruit de la moitié des avoirs du défunt - appelée *réserve abstraite* - comprenant au minimum l'usufruit de la totalité de la part du défunt dans la résidence conjugale et les meubles de celle-ci -appelée *réserve concrète*. La notion d'usufruit fera l'objet de plus amples explications ci-dessous.

Les ascendants jouissent enfin, en l'absence de descendants ou de partenaire survivant, d'une réserve d'1/4 par branche (1/4 à partager dans la branche paternelle, 1/4 dans la branche maternelle).

En l'absence de ces héritiers réservataires, le défunt peut librement disposer des biens qu'il possède ou qu'il délaissera au jour de son décès.

Qu'est-ce que la "représentation successorale" ?

La représentation successorale est une exception à la règle du degré qui permet, à un héritier plus lointain, de prendre la place et les droits de son parent prédécédé, qui aurait été lui-même héritier du défunt s'il avait survécu.

En ligne directe descendante, la représentation est admise à l'infini : si l'un des descendants du défunt est prédécédé, ses propres descendants participent à la succession, pour sa part, en prenant sa place; ceux-ci ne bénéficient que de la part de leur auteur.

Exemple

Un père (P) décède en laissant deux enfants (E1 et E2) et deux petits enfants (PE1 et PE2) issus de son troisième fils prédécédé (E3); via la représentation, PE1 et PE2 peuvent hériter de P, alors même qu'ils sont d'un degré moins favorable que E1 et E2, mais ils ne bénéficieront que des droits de leur auteur, E3, c'est-à-dire 1/3 de la succession.

En ligne collatérale, la représentation successorale est admise en faveur des descendants des frères, sœurs, oncles et tantes du défunt; comme ci-avant, les représentants bénéficient uniquement de la part de leur auteur.

Qu'est-ce la "fente successorale" ?

La fente successorale est une exception à la règle de l'ordre.

Elle consiste à ce qu'une succession, dévolue aux ascendants ou aux collatéraux, est divisée en deux moitiés égales, l'une réservée à la branche paternelle et l'autre à la branche maternelle, et chacune partagée indépendamment.

Exemple

X décède en laissant sa maman d'un côté et ses deux grands parents paternels de l'autre. La succession est divisée en deux moitiés, l'une pour chacune des branches : dans la branche maternelle, la maman recueille toute sa moitié; dans la branche paternelle, les grands parents se partagent une moitié.

L'enfant adopté hérite-t-il aussi ?

L'enfant adopté **plénièrement** sort totalement de sa famille d'origine, de telle sorte qu'il n'hérite plus des membres de celle-ci et inversement; il entre totalement dans sa famille adoptive, comme s'il était né de l'adoptant ou des adoptants.

L'enfant adopté **simple** garde tous ses droits successoraux dans sa famille d'origine; dans sa famille adoptive, en revanche, il n'hérite que de son(ses) adoptant(s) et non des parents de ceux-ci.

En cas de décès d'une personne qui a été adoptée simplement et qui ne laisse pas de descendants, sa succession se divise en deux parts égales entre sa famille adoptive et sa famille d'origine (*fente successorale* spéciale), après reprise des biens issus (par donation ou succession) respectivement desdites familles (*droit de retour*).

Le donateur peut-il récupérer le bien qu'il a donné ?

Lorsqu'un bien, meuble ou immeuble, donné par un ascendant se retrouve en nature dans la succession du donataire décédé sans descendants, alors que l'ascendant-donateur est toujours vivant, le bien revient à ce dernier. On appelle cette dévolution la *succession anomale* ou "droit de retour légal" , car elle déroge aux règles ordinaires.

Quels sont les droits de l'époux ou du cohabitant légal ?

L'époux survivant recueille des droits à géométrie variable, en fonction des héritiers de sang avec lesquels il se trouve en "concours" :

- face aux descendants (p.ex. enfants) du défunt, le conjoint survivant recueille l'usufruit de toute la succession, ainsi que le droit au bail portant sur le logement familial;
- face aux ascendants (p.ex. parents) et aux collatéraux (p.ex. frères et sœurs) du défunt, il recueille toute la communauté matrimoniale ainsi que l'usufruit du patrimoine propre;
- lorsque le défunt ne laisse aucun héritier, il recueille toute la succession.

Conjoint survivant...	Époux mariés sous régime de communauté de biens	Époux mariés sous régime de séparation de biens
En concours avec des descendants	Usufruit de la succession (part du défunt dans la communauté + patrimoine propre)	Usufruit des biens personnels du défunt
En concours avec des ascendants et des collatéraux	Toute la communauté et usufruit du patrimoine propre du défunt	Usufruit des biens personnels du défunt
Sans héritier	Pleine propriété de toute la succession	Pleine propriété de toute la succession

Le cohabitant légal survivant recueille, lui, toujours les mêmes droits, quels que soient les héritiers qui participent avec lui à la succession : il s'agit de l'usufruit du logement familial et des meubles qui le garnissent, ou le droit au bail du logement familial.

Peut-on limiter les droits de l'époux ou du cohabitant légal ?

Le conjoint survivant peut être réduit, sous certaines conditions, à sa réserve, voire même il peut être totalement déshérité par le défunt :

- soit jusqu'à sa *réserve abstraite* (la moitié en usufruit de la succession), par un testament qui le prive de ses droits successoraux; mais il a en tout état de cause droit à l'usufruit du logement familial et des meubles qui le garnissent (réserve concrète) même si ce sont les seuls biens de la succession;
- soit jusqu'à sa *réserve concrète* (l'usufruit du logement familial et des meubles qui le garnissent), soit par testament consécutif à la reconnaissance d'un enfant adultérin faite par lui, soit par contrat de mariage si au moins l'un des époux a un enfant d'une précédente relation;
- soit totalement, par testament en cas de séparation des époux depuis plus de six mois, avec demande judiciaire de domicile séparé introduite par le défunt, ou dans les conventions préalables à divorce par consentement mutuel.

Le cohabitant légal survivant n'a pas droit à une réserve. Par conséquent, le défunt peut déshériter totalement celui-ci par testament.

Comment décider soi-même de sa succession ?

La succession est, avant tout, un mode volontaire de transférer la propriété des biens; le défunt a, sous certaines limites (la *réserve*, examinée ci-dessus), la totale maîtrise de son patrimoine. Il peut laisser celui-ci aux personnes librement désignées par lui, soit par un testament ou par une institution contractuelle (en faveur du conjoint), soit de son vivant par une donation. Ce sont les *libéralités*.

La donation entre vifs est un contrat dans le cadre duquel une personne (le donateur) se dépouille à titre gratuit, de manière irrévocable, d'un ou plusieurs biens en faveur d'une autre personne (le donataire).

Le testament, quant à lui, est un document, révocable à tout moment du vivant de son auteur (le testateur), exprimant sa volonté de disposer, pour le temps où il ne sera plus, de tout ou partie de ses biens.

La donation sort ses effets dès le jour où le contrat est signé tant par le donateur que le donataire; le testament quant à lui ne sort ses effets qu'au jour du décès du testateur.

Qui peut faire un testament ou une donation ? Qui peut en bénéficier ?

Toute personne majeure et capable est libre de faire une libéralité, c'est-à-dire un testament ou une donation.

Un mineur de moins de 16 ans ne peut, en revanche, pas disposer à titre gratuit, sauf par son propre contrat de mariage et à condition d'y être assisté par son père ou sa mère ou, à défaut, avec l'autorisation du tribunal de la Jeunesse. Le mineur d'au moins 16 ans peut disposer par testament, mais seulement de la moitié de la quotité disponible de ses biens (voir la notion de *quotité disponible* ci-dessus).

La personne placée sous statut d'administration provisoire ne peut donner ou faire un testament que moyennant l'autorisation spéciale du juge de paix.

Pour recevoir une libéralité, il faut en principe être au moins conçu au jour de la donation ou au jour du décès du testateur, à condition de naître ensuite vivant et viable.

Par ailleurs, le Code civil se montre méfiant à l'égard de certaines personnes que l'on soupçonne d'avoir pu exercer une influence sur le disposant. Le tuteur d'un mineur ne peut recevoir de celui-ci par testament ou donation, tant que dure la tutelle ou jusqu'à la reddition et l'apurement du compte de tutelle. Ne peuvent être gratifiés les médecins, infirmiers et pharmaciens qui ont soigné une personne pour la dernière maladie dont elle est décédée, ainsi que les gestionnaires et membres du personnel d'une maison de repos ou de soins dans laquelle le disposant a été hébergé, et enfin les ministres du culte et autres ecclésiastiques et les délégués du Conseil central laïque qui ont assisté le défunt. Sont assimilées à ces incapables les personnes qui leur sont proches et qui sont qualifiées "personnes interposées", tels que les père et mère, les enfants et descendants, l'époux et le cohabitant légal de l'incapable.

Qu'est-ce qu'un legs ?

L'objet du testament, ce sur quoi porte celui-ci, s'appelle le *legs*. Le défunt peut léguer aux personnes de son choix, les ***légataires*** :

- toute sa succession, en général, soit en pleine propriété, soit en usufruit, soit en nue-propriété. On parle de *legs ou légataire universel*;
- une part de sa succession, désignée par référence à une catégorie de biens (tous les meubles, ou tous les immeubles) ou une portion de ceux-ci (un/quart, un/tiers, etc.); on parle de *legs ou légataire à titre universel*;
- certains biens particuliers (sa maison, sa voiture, ses meubles meublants, etc.); on parle alors de *legs ou légataire à titre particulier*.

Quelles sont les formes de testament ?

Quelle que soit sa forme, le testament est un document impérativement écrit.

Notre système juridique reconnaît trois formes de testaments :

- **le testament olographe** : il doit être intégralement écrit de la main du testateur (l'auteur du testament), daté et signé également par celui-ci. À défaut, le testament serait nul et n'aurait aucun effet;
- **le testament authentique ou notarié** : il est dicté par le testateur et rédigé par un notaire en présence de deux témoins (ou d'un deuxième notaire);
- **le testament à forme internationale** : il s'agit d'un document remis au notaire, assisté de deux témoins, et présenté par le testateur comme étant son testament. Si ce dernier doit effectivement être écrit, il peut l'être, contrairement au testament olographe, par une autre personne que le testateur et par tous modes d'écriture (ordinateur, écriture braille, ...).

Quels sont les avantages et inconvénients de chaque type de testament ?

Le testament olographe, s'il s'avère économique, présente l'inconvénient que le rédacteur ne bénéficie pas des conseils et précautions d'un professionnel. De plus, la conservation du document par le testateur jusqu'à son décès (ainsi que sa découverte postérieure à celui-ci) l'expose à un risque de disparition, voire de falsification.

Même si l'auteur du testament jouit des conseils avisés d'un professionnel et qu'il le confie à un notaire, les héritiers pourraient contester l'écriture ou la signature du défunt, entraînant de la sorte des complications judiciaires.

Le testament international présente le grand avantage d'une facilité de rédaction, puisqu'il ne doit pas être écrit de la main du testateur. Cependant, il s'avère très compliqué à mettre en œuvre au niveau de la forme.

Le testament authentique (notarié) permet de bénéficier des conseils du notaire, ce dernier pouvant donc non seulement guider le testateur dans le dédale des lois, mais aussi interpréter sa volonté sur le plan juridique. En outre, il se chargera d'assurer la conservation du testament en son étude, prévenant ainsi tout risque de disparition.

Comment connaître l'existence d'un testament ?

Afin de savoir, au décès, si le défunt a rédigé un testament, un "registre central des testaments" a été créé en Belgique. Les testaments, et tous les actes par lesquels des biens sont transmis pour cause de mort (par exemple un contrat de mariage qui contiendrait de telles dispositions) figurent dans ce registre.

Les testaments authentiques (notariés) et les testaments de forme internationale doivent nécessairement être inscrits au registre central des testaments, par le notaire, dès leur rédaction.

Les testaments olographes, s'ils sont conservés par leur auteur, ne font pas l'objet de pareille inscription. Sauf si ce dernier a déposé ce document entre les mains d'un notaire et l'a chargé de procéder à l'inscription dans le registre.

Le notaire ne déposera pas le testament (ni une copie) au registre, mais juste une attestation selon laquelle il détient le testament en son étude.

Pour préserver sa confidentialité, ce fichier n'est consultable que sur production de l'extrait de l'acte de décès de la personne concernée.

Quelles sont les dispositions qu'un testament peut contenir ?

Sous réserve de certaines règles, le testateur jouit d'une grande liberté dans l'élaboration de ses dispositions de dernière volonté. Il peut en effet prendre ses dispositions pour tout ou partie de son patrimoine, voire pour un bien déterminé.

Le testament peut contenir des indications concernant l'organisation de ses funérailles. Néanmoins, le testament étant, dans la grande majorité des situations, ouvert, voire découvert après les funérailles, le risque de voir ses volontés non exécutées quant à ce point s'avère élevé.

Le testament est modifiable à tout moment par le testateur (et donc de son vivant), de manière expresse (testament postérieur sans distinction entre les différentes formes citées ci-dessus) ou tacite (vente par le testateur du bien légué).

En bref, il est tout à fait admis qu'un testament authentique puisse être modifié ou complété, en tout ou en partie, aux termes d'un testament olographe postérieur.

Peut-on donner de son vivant ?

Oui et cette solution peut s'avérer judicieuse, soit en vue d'une économie fiscale (voir la dernière section du présent ouvrage), soit tout simplement parce que le donateur souhaite avantager l'un ou l'autre bénéficiaire avant son décès.

La donation entre vifs se révèle être un outil de planification successorale de premier ordre.

Elle peut revêtir différentes formes (directe, manuelle, indirecte et déguisée) et porter tant sur un bien meuble (une somme d'argent, des titres, ...) que sur un immeuble.

De quoi se compose une succession ?

Les règles relatives à la composition d'une succession varient selon le point de vue fiscal (en vue de la taxation à titre de droits de succession, plus amplement commentée dans une question ultérieure) ou civil (en vue du partage proprement dit des avoirs du défunt entre ses héritiers ou légataires).

Avant de partager les biens délaissés, il faut au préalable déterminer ce qui compose la succession. Elle se compose toujours d'un actif et d'un passif.

En bref, **l'actif** englobe tous les biens que le défunt laisse au jour de son décès et le passif comprend toutes les dettes du défunt et les charges liées à son décès.

L'actif de la succession englobe la part du défunt dans la communauté conjugale éventuelle existant entre son conjoint et lui (voir ci-dessus la partie 1 pour les règles applicables à la liquidation du régime matrimonial) ainsi que tous les biens dont il était propriétaire au jour de son décès. En outre, pour vérifier si les règles relatives à la réserve et la quotité disponible ont été respectées, il faut ajouter à l'actif les biens que le défunt a donnés de son vivant.

Cette opération s'appelle le "rapport" de biens à la succession. Elle permettra de déterminer si chaque héritier réservataire a bien reçu la part minimale à laquelle il a droit.

Dans le cas contraire, certaines donations antérieures ou legs prévus dans le testament pourront faire l'objet d'un rapport, voire d'une "réduction", tel que nous le verrons ci-dessous.

Le **passif** de la succession représente toutes les dettes du défunt au jour de son décès sans oublier les charges de la succession proprement dites (frais de dernière maladie, frais de funérailles, frais de liquidation et de partage, ou les différents legs à délivrer).

La différence entre l'actif et le passif de la succession représente l'actif net, qui formera la masse de la succession à partager entre les héritiers en fonction de leurs droits respectifs.

Les donations ou testaments faits par le défunt interviennent-ils dans la composition de la succession ?

Oui, les donations et le testament que le défunt aurait accomplis sont pris en compte. L'exemple ci-dessous permet d'expliciter clairement les règles applicables.

EXEMPLE

Une mère de famille a trois enfants, E1, E2 et E3 et un patrimoine au jour de son décès de 150 000 €. En l'absence de toute disposition de dernière volonté, chaque enfant aura 1/3 des avoirs.

- E1 = 50 000 €
- E2 = 50 000 €
- E3 = 50 000 €

La réserve de chaque enfant est d'1/4 des avoirs, et la quotité disponible est donc d'1/4.

- E1 = 37 500 €
- E2 = 37 500 €
- E3 = 37 500 €
- Quotité disponible = 37 500 €

En d'autres termes, cette mère de famille ne pourra disposer que d'1/4 de son patrimoine : 37 500 €.

Toutefois, si dans le cadre d'un testament (ou d'une donation entre vifs), la mère a légué une part excédent cette quotité disponible, p.ex. une moitié des ses biens, à une association sans but lucratif :
ASBL = 75 000 €

Les enfants se partageraient alors l'autre moitié.

- E1 = 25 000 €
- E2 = 25 000 €
- E3 = 25 000 €

Les enfants sont donc lésés à concurrence de 12 500 € chacun (37 500 € - 12 500 €).

Dès lors, le Code civil prévoit un mécanisme dénommé "réduction des libéralités" qui va permettre aux trois enfants de demander que le legs fait à l'association soit réduit à concurrence de la quotité disponible, soit 1/4, le solde leur permettant d'atteindre leur réserve.

L'ASBL verra son legs réduit et ne recevra que 37 500 €.

La demande de "réduction" des legs (ou des donations antérieures) n'est pas automatique. Elle doit être demandée et seuls les héritiers en faveur desquels la loi établit une réserve peuvent le faire.

En cas de pluralité de legs et de donations portant atteinte à la réserve, on procédera en premier lieu à la réduction des legs et puis seulement à celle des donations.

Si la demande de réduction porte seulement sur des donations, on réduira d'abord les dernières donations en date; si cette demande porte uniquement sur des legs, tous ceux-ci seront réduits proportionnellement.

Lors du partage, doit-on tenir compte des donations faites du vivant ?

Effectivement, toutes les donations faites par une personne de son vivant à ses héritiers doivent être prises en compte dans la composition de la masse successorale avant que celle-ci soit partagée, et ce en vue de préserver l'égalité entre les héritiers (particulièrement les enfants du défunt).

Ce mécanisme, dénommé "le rapport" ne s'applique pas seulement lorsque le défunt a des héritiers réservataires.

En d'autres termes, on présume que le défunt a voulu qu'en fin de compte ses héritiers recueillent des parts égales et que, dès lors, les donations qu'il aurait consenties de son vivant, à l'un ou l'autre de ses héritiers, ne sont que des avances sur leur part.

Si un héritier a donc reçu un bien du défunt par donation, il devra, au décès, "rapporter" le bien ou sa valeur à l'ensemble des autres biens encore existants pour former avec eux la masse des biens qui seront partagés entre cohéritiers.

Exemple

Un père a trois enfants E1, E2 et E3. Il laisse à son décès un patrimoine tant mobilier qu'immobilier estimé à 180 000 €.

De son vivant, il avait donné à E1 une somme d'argent de 30 000 €.

Lors de la succession du père, on ajoutera au patrimoine existant la donation faite à E1, soit 180 000 € + 30 000 € = 210 000 €.

Chaque enfant a droit à 210 000 /3 soit 70 000 €.

E1 héritera au décès de 30 000 €, puisqu'il a déjà reçu 40 000 € bien avant le décès.

Toutefois, d'un point de vue pratique, ce mécanisme présente des inconvénients, surtout en ce qui concerne les immeubles. En théorie, l'héritier rapportera "en nature" à la masse successorale l'immeuble reçu, ce qui n'est pas toujours aisé si l'immeuble a subi des dégradations ou des améliorations entre le jour de la donation et le jour du rapport (parfois un délai très long s'écoule entre ces deux opérations). L'immeuble rapporté sera valorisé selon son état au jour de la donation (qu'il faudra prouver, à l'aide d'un état des lieux par exemple), mais sur base du prix du marché au jour du décès du donateur.

Exemple

Dans l'exemple ci-dessus, si le père avait donné, quelques années avant son décès, un immeuble estimé à 40 000 € au jour de la donation, compte tenu des fluctuations du marché immobilier, cet immeuble vaudrait au jour du décès 80 000 €.
Le calcul en vue du partage serait alors le suivant :
180 000 € + 80 000 € = 260 000 €.

Chaque enfant a droit à 260 000 /3 soit 86 666,66 €.

E1 héritera au décès de 6 666 €, puisqu'il a déjà reçu l'immeuble estimé alors à 80 000 €.

Quant aux meubles (somme d'argent, titres, ...), l'héritier qui a déjà reçu une somme d'argent verra sa part dans la succession diminuée à concurrence du montant reçu (rapport "en moins prenant").

Peut-on dispenser les donations du rapport ?

La volonté d'une personne peut être de rompre dans une relative mesure l'égalité entre ses héritiers pour avantager un de ceux-ci. Elle souhaitera dès lors dispenser le donataire de rapporter le bien reçu à sa succession. Ce mécanisme de dispense de rapport est alors qualifié de "préciput et hors part".

Mais, en aucun cas, l'héritier qui n'a pas été gratifié ne peut être privé de sa réserve.

Exemple

Un père laisse deux enfants E1 et E2 et un patrimoine de 40 000 € à son décès.

De son vivant, il a donné 20 000 € à E1, avec dispense de rapport.

La masse de calcul de la quotité disponible est de 60 000 €, c'est-à-dire 40 000 € (patrimoine au décès) + 20 000 € (donnés antérieurement à E1).

La quotité disponible lorsqu'on a deux enfants = 1/3, soit 20 000 €.
La part réservataire de E1 = 1/3 soit 20 000 €.
La part réservataire de E2 = 1/3 soit 20 000 €.

E1 a donc reçu au total 40 000 € = la donation de 20 000 € + sa part réservataire de 20 000 € et
E2 ne recevra que 20 000 € = sa part réservataire.

Par contre, dans le même exemple, si le patrimoine laissé au décès n'est que de 10 000 € :

la masse de calcul de la quotité disponible est de 30 000 €, c'est-à-dire 10 000 € (patrimoine au décès) + 20 000 € (donnés antérieurement à E1).

La quotité disponible lorsqu'on a deux enfants = 1/3, soit 10 000 €.
La part réservataire de E1 = 1/3 soit 10 000 €.
La part réservataire de E2 = 1/3 soit 10 000 €.
Au décès, E1 et E2 se partageront les 10 000 € restant au jour du décès de leur père.

E2 sera lésé puisqu'il ne recevra que 5 000 €, alors qu'E1 aura reçu au total 25 000 €.

Les règles de la réduction vont permettre à E2 d'avoir droit à sa réserve de 10 000 € et E1 sera obligé de réduire la somme qu'il a reçue, de sorte que E2 aura finalement droit à 10 000 € et E1 à 20 000 €.

La dispense de rapport est la conséquence d'une volonté manifeste du défunt de rompre l'égalité entre ses héritiers. Elle doit donc être expresse et il faut la prévoir soit au moment de la donation, dans l'acte même ou dans un pacte adjoint, soit dans un testament ultérieur.

Qu'est-ce que l'usufruit ?

Le droit de propriété peut être divisé entre deux personnes, l'une est propriétaire du bien, mais ne peut pas en profiter (le nu-propriétaire), tandis que l'autre en a la jouissance sans en être propriétaire (l'usufruitier).

L'usufruit est le droit de jouir de choses dont un autre a la nue-propriété.

Dans le mot "usufruit", coexistent les termes d'usage et de fruit. D'un point de vue pratique, l'usufruitier d'une somme d'argent ou de titres recevra les intérêts et le capital restera au nu-propriétaire.

L'usufruitier d'une maison peut "profiter" du bien : il pourra l'occuper sans devoir payer de loyer; s'il le préfère, il pourra en retirer les "fruits", et donc louer l'immeuble (à l'exception des baux de longue durée).

Toutefois, l'usufruit entraîne des obligations, voire des charges, comme p.ex. l'entretien de l'immeuble, le paiement du précompte immobilier.

L'usufruit est essentiellement un droit temporaire, qui peut s'étendre à la vie entière de son bénéficiaire et qui prend fin automatiquement avec son décès. A ce moment, le nu-propriétaire récupère la pleine propriété des biens grevés de l'usufruit.

Que représente l'usufruit de l'époux ou du cohabitant légal ?

Dans le cadre du **mariage**, le conjoint survivant a, en vertu de la loi, un droit d'usufruit sur tous les biens composant la succession de son conjoint et ce indépendamment du régime matrimonial choisi.

Il est cependant possible de restreindre le droit d'usufruit de son conjoint et il suffira de le prévoir éventuellement dans le contrat de mariage ou dans un testament (voir ci-avant).

Néanmoins, sous réserve de ce qui sera exposé au paragraphe suivant, il n'est pas possible de priver son conjoint de tout droit d'usufruit dans sa succession, celui-ci étant un héritier dit "réservataire". Le conjoint survivant aura, en tout état de cause, droit à l'usufruit sur une moitié des biens de la succession avec, au minimum, l'usufruit sur la totalité de la part du défunt dans la résidence conjugale et les meubles qui la garnissent.

Dans le cadre de la **cohabitation légale**, le partenaire survivant hérite d'un droit d'usufruit, mais uniquement sur la part du défunt dans l'immeuble (et les meubles qui le garnissent) affecté à la résidence commune des partenaires pendant la cohabitation. Toutefois, le cohabitant légal survivant n'est pas un héritier "réservataire" et il pourra être privé de ce droit d'usufruit par simple testament, sans aucune condition particulière.

Peut-on convertir l'usufruit en un capital ?

Dans certaines situations, il est opportun, voire nécessaire, de convertir immédiatement les droits de l'usufruitier en un capital. Il s'agit de transformer le droit d'usufruit en une somme d'argent qui permettra à chacun d'en être quitte. Selon que l'usufruitier se trouve en concours avec des descendants légitimes (enfants communs, enfants naturels ou adoptifs) de l'époux prédécédé ou non, cette conversion peut être demandée par lui et les nus-propriétaires ou par lui seul.

Dans la pratique, la conversion en une somme d'argent est souvent la méthode la plus usitée. C'est-à-dire qu'on alloue à l'usufruitier une somme d'argent afin d'éteindre son usufruit, de sorte que les nus-propriétaires deviennent pleins propriétaires.

L'usufruitier peut aussi racheter la nue-propriété et donc attribuer une somme d'argent au nu-propriétaire, de sorte que c'est l'usufruitier qui devient plein propriétaire du bien.

Exemple

Un immeuble est estimé en pleine propriété à 200 000 € et l'usufruitier est un homme âgé de 67 ans. Il ne souhaite pas exercer son droit d'usufruit sur l'immeuble concerné, mais bien le convertir en une somme d'argent, ce que le nu-propriétaire accepte.

Le calcul opéré est le suivant :
Selon la table de calcul choisie, cet usufruit est estimé à 40,61 % de la valeur en pleine propriété, soit 81 229,25 € (200 000 x 40,61 %). C'est la somme qui sera versée par le nu-propriétaire à l'usufruitier et lui permettra ainsi de recouvrer la pleine propriété de l'immeuble.

Remarquons que si notre usufruitier est une femme du même âge, le résultat serait alors sensiblement différent et son usufruit serait estimé à 48,17 %, soit 96 347,57 €.

Il est aussi envisageable d'éteindre les droits de l'usufruitier sur le bien (et donc que les nus-propriétaires deviennent pleins propriétaires) en allouant à l'usufruitier non pas un capital mais une rente viagère (garantie).

La difficulté des méthodes de conversion de l'usufruit est l'évaluation de celui-ci (et donc de la nue-propriété). Le principe de base est que la pleine propriété représente la somme de l'usufruit et de la nue-propriété.

L'usufruit étant par hypothèse viager, sa valeur sera fonction de l'âge de l'usufruitier (son espérance de vie). Étant le droit de jouir et d'user de la chose, on tiendra compte du rendement du bien (valeur locative, taux d'intérêt moyen servi par les banques).

Il existe différentes tables de conversion qui permettent d'attribuer une valeur pécuniaire à cet usufruit, tout en prenant en considération l'évolution des taux d'intérêt. Les parties peuvent librement convenir de s'en référer à l'une ou l'autre d'entre elles.

Pour connaître la valeur de la nue-propriété, il suffira de soustraire la valeur de l'usufruit ainsi converti à la valeur en pleine propriété du bien.

Exemple

Dans l'exemple vu ci-dessus, la valeur de la nue-propriété vaudra alors 200 000 € - 81 229,25 € soit 118 770,75 €.

Que contient la loi sur les petits héritages ?

La loi du 16 mai 1900 sur le régime successoral des petits héritages permet, par dérogation au droit commun du partage, de faire attribuer certains immeubles successoraux par préférence à certaines catégories de personnes.

Les immeubles concernés sont **la maison d'habitation** ou **l'immeuble professionnel**. L'accès à ce régime est conditionné au fait que le revenu cadastral des immeubles (ou quotités d'immeubles) se trouvant dans la succession ne dépasse pas, au total, la somme de 1 565 €.

Moyennant une procédure devant le juge de paix, les héritiers suivants peuvent, dans l'ordre, se faire attribuer les immeubles concernés :

- le conjoint survivant;
- celui que le défunt a désigné;
- celui qui collaborait, au moment du décès, de façon régulière et durable à l'entreprise;
- celui qui habitait, jusqu'au décès, la maison tout en apportant aide et assistance au défunt ou son conjoint;
- celui qui habitait, au décès, la maison;
- enfin celui qui est désigné par le juge en fonction des intérêts en présence.

La succession peut-elle être influencée par une assurance vie ?

L'assurance vie est un contrat qui, bien que conclu par le défunt, échappe en grande partie aux règles ordinaires des successions pour être soumise à son régime propre.

Ainsi, le bénéficiaire de l'assurance vie est celui qui est désigné dans le contrat, soit nommément, soit par référence à une catégorie de personnes (p.ex. "mes petits-enfants"). À défaut d'indication ou si le bénéficiaire est prédécédé, la prestation d'assurance est due à la succession.

La prestation d'assurance échappe aux opérations de "rapport" et de "réduction" (voir ci-devant), sauf : 1° si les primes versées sont manifestement exagérées eu égard à la fortune du défunt; 2° si le contrat d'assurance vie n'est pas souscrit dans un but de prévoyance mais constitue une véritable opération de placement financier.

La désignation du bénéficiaire dans le contrat d'assurance est donc de toute première importance. En cas d'absence de désignation, c'est la succession qui sera bénéficiaire; ce n'est pas nécessairement dommageable, mais cela ne rencontre peut-être pas les volontés du défunt. Plus fondamentalement :

- si le conjoint est nommément désigné (par exemple "Madame Dupont"), un avenant doit absolument être apporté en cas de divorce, pour modifier la désignation, faute de quoi c'est l'ex-conjoint qui bénéficiera de la prestation de l'assurance;

- si la désignation est libellée en ces termes : “mes héritiers”, il faut être attentif, d’une part, que cette qualification exclue les légataires (= désignés par testament) qui ne sont pas eux-mêmes héritiers (= désignés par la loi) et, d’autre part, qu’elle attribue à chacun une part égale dans la prestation d’assurance, sans tenir compte des termes d’un éventuel testament qui avantagerait davantage un héritier qu’un autre.

En conclusion, la clause bénéficiaire doit être soigneusement libellée et adaptée avec l’évolution des volontés du défunt, particulièrement de son testament.

De quoi se compose, fiscalement parlant, la succession taxable ?

Il faut déclarer à l’actif tous les biens et droits de créance que possédait le défunt au jour de son décès (même si ceux-ci sont affectés d’une condition résolutoire ou d’une cause de nullité non constatée ou s’ils sont litigieux).

Les biens et droits faisant l’objet de “fictions légales” (voir ci-après) doivent aussi être mentionnés.

En règle générale, les biens sont déclarés à leur valeur vénale, au jour du décès. La valeur vénale est “le prix que l’amateur le plus offrant s’engagerait à payer si le bien était mis en vente le jour où le bien doit être estimé, dans les conditions les plus favorables et après une préparation adéquate”.

En cas de doute ou s’il s’agit de biens d’une valeur très élevée, il peut être conseillé de recourir à l’expertise préalable, par un expert agréé par l’administration fiscale, moyennant une demande spéciale envoyée par lettre recommandée. En effet, cette expertise lie l’administration fiscale ou les héritiers, quel que soit le prix réellement tiré par la suite des biens successoraux.

Certains biens ou certaines opérations peuvent-ils être réintégrés par l’administration fiscale ?

Différentes situations, entraînent une remise en question d’opérations antérieures au décès et leur “réintégration” dans la masse successorale taxable.

Ce sont les fameux *legs fictifs*. L’objectif de ces fictions est de combattre les fraudes présumées aux droits de l’État.

L’appauvrissement douteux du défunt

Sont considérées comme taxables :

1° *les dettes uniquement reconnues par testament* : la preuve de la sincérité de la dette peut être rapportée, mais elle est difficile;

2° *une convention à titre onéreux déguisant une libéralité* : par exemple, une convention de prêt par laquelle le défunt déclare avoir emprunté une certaine somme d'argent à son héritier, qui devrait donc être remboursée (sans taxation aux droits de succession), alors que cette convention est mensongère;

3° *la donation sous condition suspensive du prédécès (sauf Région wallonne)* : une donation mobilière, ayant obtenu l'application du tarif réduit pour de telles donations, est faite par le défunt sous une condition suspensive qui se réalise par son propre décès (condition suspensive du décès du donateur, ou condition suspensive de la survie du donataire).

Les avantages matrimoniaux

Le conjoint survivant qui recueille plus de la moitié de la communauté, via son contrat de mariage, sera taxé sur la part qui dépasse cette moitié. Sont principalement visées les clauses de préciput et de partage inégal de la communauté ou d'attribution totale au survivant (voir partie 1).

Les donations dans les trois ans précédent le décès

Les donations effectuées par le défunt dans les trois années qui précèdent son décès sont considérées comme des legs au profit de leur bénéficiaire, taxables dans la succession, sauf si elles ont été taxées au moment de la donation.

C'est le fisc qui devra prouver l'existence des biens donnés dans le patrimoine du défunt dans ses trois dernières années de vie et le caractère "libéral" de la dépossession.

Si le donataire effectif ne peut être identifié, les héritiers légaux sont considérés comme bénéficiaires de la libéralité et taxés !

Les stipulations pour autrui

Sont considérées comme legs les prestations issues :

- d'une convention renfermant une stipulation pour autrui (p.ex. l'assurance vie);
- au profit d'une personne appelée à recevoir la prestation à titre gratuit (c'est-à-dire sans contrepartie personnelle);
- de sommes, rentes ou valeurs (ne s'applique pas à un usufruit ou à un immeuble);
- et exigibles ensuite au décès du défunt, soit immédiatement, soit à une date postérieure au décès (mais le fait est acquis par le décès), ou perçues dans les trois ans précédent le décès.

Certaines prestations sont exclues de cette fiction, comme les assurances groupe et fonds de prévoyance, sous conditions strictes cependant (consulter un spécialiste).

La même fiction s'applique au conjoint survivant marié avec le défunt, sous un régime de communauté, pour les sommes, rentes et valeurs dont il bénéficie en vertu d'un contrat d'assurance vie ou d'un contrat constitutif de rente (p.ex. une donation faite par le défunt avec charge de rente viagère). Ces prestations ne sont, en principe, taxées que pour moitié, car il est présumé qu'elles sont la contrepartie de biens communs (prime d'assurance payée avec des fonds communs), sauf preuve contraire.

La vente, l'achat ou le partage à fonds perdus

Sont considérées comme frauduleuses et taxées comme legs :

- les opérations d'achat de biens (meubles ou immeubles) ou d'immatriculation de la propriété d'un titre financier ;

Exemple

Un père achète avec son fils un immeuble, l'usufruit pour le père et la nue-propriété pour le fils, mais le père paie l'intégralité du prix; un père immatricule son compte titre en usufruit pour lui-même et en nue-propriété pour son fils.

- les opérations de partage ;

Exemple

Un père en indivision avec son fils (chacun possédant la moitié de la maison familiale) signe un acte de partage avec lui, au terme duquel la maison appartient soit en usufruit au père et en nue-propriété au fils, soit en pleine propriété au fils à charge de verser un rente viagère au père.

Ces cas sont très rares en pratique.

- les opérations de vente.

Exemple

Un père vend sa maison à son fils, avec une réserve d'usufruit ou de rente viagère.

Lorsque ces opérations portent sur un usufruit, une nue-propriété ou une rente viagère entre un parent et son héritier (ou un proche de ce dernier), la conséquence fiscale est que la pleine propriété du bien est censée se retrouver dans la succession, léguée à son bénéficiaire et donc taxée de ce chef à la valeur du bien au jour du décès.

La présomption est tempérée lorsqu'il est démontré que le défunt a réellement joui de son usufruit ou de son droit viager et, dans le deuxième cas, elle est limitée à la mesure dans laquelle l'héritier a reçu plus que sa part dans le partage.

Les présomptions légales de propriété

Il existe des "présomptions de propriété" dans le chef du défunt, afin de faciliter le travail de taxation de l'administration fiscale.

Sont censés se trouver dans sa succession au jour du décès :

- les biens pour lesquels le défunt a posé, dans le passé, des actes de propriété (c'est-à-dire des actes que seul un propriétaire peut faire). Les actes ne peuvent remonter à plus de trois ans quand il s'agit de biens meubles corporels; les héritiers peuvent toutefois prouver que le défunt s'était débarrassé de ces biens, à titre onéreux. Par exemple, si le défunt a vendu sa maison dans les trois années précédent son décès, les héritiers devront justifier à l'administration fiscale ce qu'il est advenu du prix de vente. Pour ce faire, on retrace le sort du prix à travers les extraits de compte du défunt et on produit les factures d'achat (une nouvelle voiture, p.ex., financée avec une partie du prix de vente de la maison);
- les biens qui sont inscrits au nom du défunt dans un registre public (le Cadastre pour les immeubles, la Conservation des hypothèques pour les rentes et créances hypothécaires, le grand livre de la dette publique pour les créances contre l'État belge, ...);
- les titres, sommes et valeurs déposés dans un coffre immatriculé (notamment) au nom du défunt, pour une part virile (c'est-à-dire une part égale au nombre de titulaires : s'il existe deux titulaires, la part virile est de 1/2, s'il en existe trois, de 1/3, etc.).

Quelles sont les dettes qui peuvent être déduites de l'actif taxable ?

Le passif admissible est composé des dettes du défunt existant au jour du décès et des frais funéraires. Les dettes sont évaluées suivant les mêmes règles que celles applicables à l'actif successoral.

Elles doivent être prouvées suivant les règles ordinaires de preuves, c'est-à-dire par écrit pour toute somme dépassant 375 €, sauf 1° les dettes professionnelles ou domestiques se rapportant à l'année précédente ou contemporaines du décès ou 2° les dettes commerciales.

Certaines dettes ne pourront jamais être déduites :

- celles uniquement reconnues par testament (qui constituent en plus un legs taxable, voir ci-devant);
- celles au profit d'un héritier, légataire ou donataire, et de toute personne interposée par rapport ceux-ci (c'est-à-dire un proche parent ou un allié - conjoint, enfant, parent -); la preuve de la "sincérité" de la dette peut être apportée pour rendre celle-ci admissible, mais elle est très difficile.

PARTIE 4

Droits de succession relatifs à la Région wallonne et à la Région de Bruxelles-Capitale

Pourquoi s'intéresser aux droits de succession ?

Les droits de succession doivent être payés lors d'un décès, mais nous concernent également à différentes étapes de notre vie.

Ils sont à la base de la planification successorale d'un patrimoine qui sera établie notamment en considérant les héritiers, le montant de leurs droits de succession respectifs, l'ensemble des avoirs, ...

Plus le patrimoine est important et diversifié (société, immeubles, assurance vie, valeurs mobilières, ...), plus il est utile d'examiner les différentes manières de réduire l'impôt successoral.

Les droits de succession sont également à prendre en compte lorsqu'on veut avantager une personne sans lien de parenté proche, l'impôt pouvant dans ce cas être très élevé.

Il existe cependant des réductions et exemptions des droits de succession, qui peuvent les réduire à peau de chagrin. À l'inverse, quelques règles particulières augmentent la masse successorale et le taux d'imposition.

Qui sont les héritiers et légataires ?

Une personne est l'héritière du défunt si elle lui succède légalement, sans que le défunt ait besoin de rédiger un testament.

Il existe deux types d'héritiers.

L'héritier réservataire (en ligne directe) que le défunt ne peut déshériter d'une partie de la succession (la réserve). Ce sont les enfants du défunt, son conjoint ainsi que ses parents si le défunt décède sans enfant.

Par contre, le cohabitant légal n'est pas héritier réservataire.

Exemple

Monsieur X décède en laissant une veuve, Y et un enfant, X1. Son patrimoine s'élève à 100 000 €. Il a rédigé un testament où il lègue la totalité de son patrimoine, comme suit : 75 000 € à son ami Z et 25 000 € à une œuvre. Monsieur Z et l'œuvre verront leurs legs réduits à concurrence de la part réservataire de chacun des héritiers (X1 et Y) et n'hériteront pas de l'entièreté des sommes (75 000 € et 25 000 €).

En effet, X1, enfant du défunt, a le droit à réclamer la 1/2 de la succession de son père et Y, épouse survivante, peut réclamer en usufruit la 1/2 de la succession de son défunt époux. C'est la fraction du patrimoine dont le défunt X ne pouvait les priver.

L'héritier ordinaire : celui qui peut être écarté de la succession par un testament ou une donation du défunt (p.ex. les frères et sœurs, oncles et tantes, ...)

Exemple

Monsieur X décède avec un patrimoine de 100 000 € en laissant, comme seule héritière, sa sœur. Le défunt a rédigé un testament où il lègue 100 000 € à son ami Y (la totalité de ses avoirs). Il n'existe pas de part réservataire pour la sœur de Monsieur X qui ne pourra rien réclamer et n'héritera donc de rien.

Par contre, si Monsieur X n'avait pas rédigé de testament, sa sœur aurait hérité de toute sa succession, puisqu'elle aurait été la seule héritière légale.

Lorsque le défunt rédige un testament en faveur d'une personne, cette dernière est légataire du défunt, c'est-à-dire bénéficiaire d'un legs. On distingue trois types de légataires :

Le légataire universel qui a vocation à recevoir toute la succession. Cela ne signifie pas qu'il doit être le seul à être inscrit sur le testament.

Exemple

Monsieur X décède et on retrouve le testament suivant :
"*J'institue pour mes légataires universels Y et Z.*"

Y et Z héritent chacun la 1/2 du patrimoine de Monsieur X. Cependant, si Y était décédé avant Monsieur X, comme Z est légataire universel, il aurait hérité de l'entièreté de la succession, on dit qu'il aurait eu vocation à recevoir toute la succession de Monsieur X.

Le légataire à titre universel est celui qui a vocation à recevoir une partie de la succession.

Exemple

Monsieur X décède et on retrouve le testament suivant : "*J'institue comme légataires V, W, Y et Z, chacun pour un 1/4 dans ma succession.*"

V, W, Y et Z héritent chacun d'un quart du patrimoine de Monsieur X. Dans ce cas, et contrairement au légataire universel, si V était décédé avant Monsieur X, sa part (1/4) serait recueillie par les héritiers légaux et non par W, Y et Z, légataires à titre universel qui ont chacun vocation à recevoir 1/4 de la succession.

Le légataire à titre particulier est celui qui hérite d'un bien, d'une somme, etc., déterminé(e)s faisant partie de la succession.

Exemple

Monsieur X décède et on retrouve le testament suivant :
"J'institue comme légataires universels Y et Z, à charge pour eux :
- *d'attribuer la salle à manger à ma tante V;*
- *ainsi que de verser au départ de mes comptes bancaires la somme de 5 000 € à mon ami A".*

Y et Z recueillent chacun la 1/2 de la succession de Monsieur X, à l'exception de : la salle à manger qui est recueillie par V et du montant de 5 000 € versé à A, lesquels sont tous les deux légataires particuliers.
Si A était décédé avant Monsieur X, alors X et Y, légataires universels, se partageraient également la somme de 5 000 € qui avait été léguée à A.

Qui doit payer les droits de succession ?

Les héritiers et légataires qui n'ont pas renoncé à la succession du défunt sont tenus envers l'État de payer les droits de succession, chacun pour la part qu'il recueille.

Cependant, les héritiers et légataires universels sont tenus ensemble, chacun en proportion de sa part héréditaire, de la totalité des droits dus par les légataires à titre universel ou à titre particulier. Dans ce cas, on dit qu'il y a "solidarité". Ce qui signifie que si un légataire, à titre universel ou à titre particulier, ne paie pas les droits de succession qui lui incombent, l'administration fiscale peut se retourner contre les héritiers et légataires universels solvables.

Les droits de succession frappent la succession d'un "habitant du Royaume", c'est-à-dire la personne possédant son habitation réelle, effective, continue en Belgique, la nationalité ou le domicile légal du défunt important peu.

L'administration fiscale prend en compte le domicile de fait et, par conséquent, les éléments comme le lieu de résidence de la famille, le centre des activités, le siège des affaires et des occupations du défunt.

Il est tout à fait possible de s'expatrier et d'installer le siège de sa fortune dans un paradis fiscal, cependant l'administration fiscale examinera, selon des éléments de fait, si ce domicile est bien réel et non artificiel...

Sur quels éléments du patrimoine les droits de succession sont-ils dus ?

Les droits de succession sont calculés sur tout ce qui est recueilli dans la succession d'un habitant du Royaume au jour de son décès, déduction faite des dettes.

L'actif de la succession du défunt se compose donc de l'ensemble de ces biens :

- avoirs bancaires;
- mobilier;
- titres (actions, obligations, sicav);
- argent;
- terrain, maison et appartement, même à l'étranger;
- clientèle, fonds de commerce;
- créances.

Sont ajoutés également à l'actif imposable les éléments suivants :

- les biens donnés dans les trois ans qui précèdent le décès et qui n'ont pas été assujettis aux droits d'enregistrement;
- les sommes ou rentes reçues au décès, en vertu d'un contrat renfermant une stipulation pour autrui, sous réserve de certaines exceptions. L'exemple type en est l'assurance vie;
- les biens acquis par le défunt pour l'usufruit et par certains pour la nue-propriété;
- les biens vendus par le défunt avec réserve d'usufruit ou stipulation d'un droit viager, comme, p.ex., la vente sous forme de rente viagère.

De ces éléments composant l'actif de la succession, on pourra déduire :

- les dettes existant au jour du décès et qui ne sont pas éteintes par le décès : impôts encore dus, factures impayées (hôpital, ...), dettes à rembourser comme des prêts personnels, ...
- ainsi que les frais funéraires : facture des pompes funèbres, les faire-part et avis nécrologiques, les frais d'incinération, d'achat de concession, de mise en terre, les factures pour les fleurs, les factures pour les remerciements, ...

Quels critères déterminent les taux des droits de succession ?

Les taux des droits de succession varient en fonction de trois facteurs :

- le **degré de parenté** avec le défunt;
- la **valeur des biens** : les droits se calculent par tranche sur la part nette qui revient à chaque héritier, sauf exception;
- la **Région** où le défunt a résidé le plus longtemps durant les cinq années qui précèdent son décès.

Exemple

Si le défunt était domicilié pendant les trois dernières années de sa vie à Liège, sa succession serait alors imposée selon le régime wallon. Par contre, si le défunt avait été domicilié à Liège, puis à Etterbeek, durant les trois dernières années de sa vie, sa succession serait soumise au régime bruxellois.

Le tarif en vigueur est toujours celui au jour du décès.

Quel est le tarif général des droits de succession en Région wallonne ?

En Région wallonne, les droits de succession sont perçus sur la part "nette" de chacun des héritiers (actif-passif).

En ligne directe, entre époux, entre cohabitants légaux

De...	À...	%	Cumul
0,01 €	12 500 €	3	
12 500,01 €	25 000 €	4	375 €
25 000,01 €	50 000 €	5	875 €
50 000,01 €	100 000 €	7	2 125 €
100 000,01 €	150 000 €	10	5 625 €
150 000,01 €	200 000 €	14	10 625 €
200 000,01 €	250 000 €	18	17 625 €
250 000,01 €	500 000 €	24	26 625 €
Au-delà de 500 000,01 €		30	86 625 €

Entre frères et sœurs

De...	À...	%	Cumul
0,01 €	12 500 €	20	
12 500,01 €	25 000 €	25	2 500 €
25 000,01 €	75 000 €	35	5 625 €
75 000,01 €	175 000 €	50	23 125 €
Au-delà de 175 000 €		65	73 125 €

Entre oncles ou tantes et neveux ou nièces

De...	À...	%	Cumul
0,01 €	12 500 €	25	
12 500,01 €	25 000 €	30	3 125 €
25 000,01 €	75 000 €	40	6 875 €
75 000,01 €	175 000 €	55	26 875 €
Au-delà de 175 000,01 €		70	81 875 €

Entre toutes autres personnes

De...	À...	%	Cumul
0,01 €	12 500 €	30	
12 500,01 €	25 000 €	35	3 750 €
25 000,01 €	75 000 €	60	8 125 €
Au-delà de 75.000,01 €		80	38 125 €

Quel est le tarif général des droits de succession à Bruxelles ?

En Région bruxelloise, en ligne directe, entre époux, entre cohabitants ainsi qu'entre frères et sœurs, le tarif est appliqué par héritier sur sa part "nette" (actif-passif).

Par contre, entre oncles ou tantes et neveux ou nièces ainsi qu'entre toutes les autres personnes, le tarif est appliqué sur la somme des parts recueillies par ces personnes (globalisation des biens recueillis).

En d'autres termes, les droits de succession ne sont pas calculés sur la part nette recueillie par chaque héritier individuellement, mais sur la **totalité** de l'actif net recueilli par l'ensemble de ces personnes. L'administration effectue un calcul de répartition des droits de succession, entre ces personnes, en fonction de ce qu'elles recueillent individuellement. L'impôt, qui se calcule par tranche, sera par conséquent plus élevé pour ces deux catégories...

En ligne directe, entre époux, entre cohabitants

De...	À...	%	Cumul
0,01 €	50 000 €	3	
50 000,01 €	100 000 €	8	1 500 €
100 000,01 €	175 000 €	9	5 500 €
175 000,01 €	250 000 €	18	12 250 €
250 000,01 €	500 000 €	24	25 750 €
Au-delà de 500 000,01 €		30	85 750 €

Entre frères et sœurs

De...	À...	%	Cumul
0,01 €	12 500 €	20	
12 500,01 €	25 000 €	25	2 500 €
25 000,01 €	50 000 €	30	5 625 €
50 000,01 €	100 000 €	40	13 125 €
100 000,01 €	175 000 €	55	33 625 €
175 000,01 €	250 000 €	60	74 375 €
Au-delà de 250 000,01 €		65	119 375 €

Entre oncles ou tantes et neveux ou nièces (globalisation)

De...	À...	%	Cumul
0,01 €	50 000 €	35	
50 000 €	100 000 €	50	17 500 €
100 000 €	175 000 €	60	42 500 €
Au-delà de 175 000,01 €		70	87 500 €

Entre toutes autres personnes (globalisation)

De...	À...	%	Cumul
0,01 €	50 000 €	40	
50 000,01 €	75 000 €	55	20 000 €
75 000,01 €	175 000 €	65	33 750 €
Au-delà de 175 000,01 €		80	98 750 €

Existe-t-il une règle particulière lorsque le défunt détenait des avoirs investis à titre professionnel ?

Pour la **Région de Bruxelles-Capitale uniquement**, lorsque la part :

- est recueillie par le conjoint, par le cohabitant ou par l'héritier en ligne directe;
- est supérieure à 250 000 €;
- se compose, en tout ou en partie, d'avoirs investis à titre professionnel par le défunt, le conjoint ou le cohabitant dans une entreprise industrielle, commerciale, artisanale ou agricole, exploitée personnellement par eux ou conjointement par eux et par un ou plusieurs de leurs descendants.

Dans ce cas, les avoirs sont imposés au droit de succession à :

De...	À...	%
250 000 €	500 000 €	22
Au-delà de 500 000 €		25

Cependant, cette règle ne s'applique que si l'exploitation est poursuivie effectivement par les successeurs du défunt ou par certains d'entre eux.

Comment se calculent les droits de succession ?

Les droits de succession se calculent par tranches.

Exemple

Monsieur X décède en laissant quatre enfants, X1, X2, X3 et X4, ainsi qu'un patrimoine de 850 000 €. Monsieur X lègue par testament 25 000 € à sa sœur Y et 25 000 € à un de ses enfants, X1. Monsieur X était domicilié à Bruxelles depuis 3 ans.

Les droits de succession se calculeront comme suit :
Le patrimoine est de 850 000 € et 50 000 € sont légués par testament.
Les quatre enfants se partagent donc 800 000 € (850 000 € - 50 000 €).
Selon la dévolution légale, ils hériteront chacun - hors testament - de 200 000 €.

X1 recueille 200 000 € + 25 000 €, soit 225 000 €, les droits de succession qu'il devra payer s'élèvent donc à un **total de 21 250 €**, soit

Tranches	Taux	Droits de succession par tranche
0 à 50 000 €	3 %	1 500 €
50 000 € à 100 000 €	8 %	4 000 €
100 000 € à 175 000 €	9 %	6 750 €
175 000 € à 225 000 €	18 %	9 000 €

X2, X3 et X4 recueillent chacun 200 000 €, les droits de succession à charge de **chacun** s'élèvent donc à 16 750 €, soit

Tranches	Taux	Droits de succession par tranche
0 à 50 000 €	3 %	1 500 €
50 000 € à 100 000 €	8 %	4 000 €
100 000 € à 175 000 €	9 %	6 750 €
175 000 € à 200 000 €	18 %	4 500 €

Y recueille 25 000 € (par testament), les droits de succession à sa charge s'élèvent à 5 625 €, soit

Tranches	Taux	Droits de succession par tranche
0 € à 12 500 €	20 %	2 500 €
12 500 € à 25 000 €	25 %	3 125 €

Quand doit-on payer les droits de succession ?

Les droits de succession doivent être payés dans les deux mois du délai prévu pour le dépôt de la déclaration de succession. Le délai pour le dépôt de la déclaration de succession d'un habitant du Royaume étant de cinq mois, à compter du décès lorsque le décès a lieu en Belgique, le délai de paiement de droits de succession sera de sept mois.

À compter de l'expiration du délai de paiement, un intérêt est exigible au taux légal (7 % l'an actuellement).

Doit-on payer des droits de succession quel que soit le montant dont on hérite ?

Non, pas nécessairement.

Tout autre héritier, légataire ou donataire, qu'un héritier en ligne directe, l'époux, le cohabitant légal n'est pas taxé dans les successions dont le montant net ne dépasse pas :

- 620 € en ce qui concerne la Région wallonne;
- 1 250 € en ce qui concerne la Région de Bruxelles-Capitale.

En ce qui concerne les héritiers en ligne directe, les époux survivants et les cohabitants légaux, il existe des "exemptions", c'est-à-dire des montants sur lesquels ils ne doivent pas payer de droits de succession.
Il faut d'abord préciser que, selon les deux régions, les exemptions varient suivant :

- la notion de cohabitant légal :
  à Bruxelles, le cohabitant légal est assimilé à l'époux survivant. C'est la même chose en Région wallonne, pour autant que la déclaration de cohabitation légale aie été faite plus de six mois avant le décès;

- le montant exonéré :
  ce qui est recueilli par un héritier en ligne directe, par le conjoint survivant ou par le cohabitant légal survivant est exonéré des droits de succession :
  - à concurrence de 12 500 € pour la Région wallonne;
  - et de 15 000 € en Région bruxelloise sur l'ensemble de ce qui est recueilli.

Et, en outre, en Région wallonne : à concurrence d'un montant supplémentaire de 12 500 € lorsque la part nette, dont on hérite, n'excède pas 125 000 €.

Exemple

Monsieur X décède et laisse comme héritiers son épouse survivante Y et sa fille unique Z. Dans la succession, l'épouse survivante Y recueille 150 000 € et sa fille Z hérite, quant à elle, d'un montant de 100 000 €.

a) L'épouse Y payera les droits de succession suivants :

En Région wallonne, 10 250 €, soit

Tranches	Taux	Droits de succession par tranche
0 € à 12 500 €	0 % : tranche exonérée	0 €
12 500 € à 25 000 €	4 %	500 €
25 000 € à 50 000 €	5 %	1 250 €
50 000 € à 100 000 €	7 %	3 500 €
100 000 € à 150 000 €	10 %	5 000 €

En Région bruxelloise, 9 550 €, soit

Tranches	Taux	Droits de succession par tranche
0 € à 15 000 €	0 % : tranche exonérée	0 €
15 000 € à 50 000 €	3 %	1 050 €
50 000 € à 100 000 €	8 %	4 000 €
100 000 € à 150 000 €	9 %	4 500 €

b) La fille Z, héritière en ligne directe, payera les droits de succession suivants :

En Région wallonne, 4 750 €, soit

Tranches	Taux	Droits de succession par tranche
0 € à 12 500 €	0 % : tranche exonérée	0 €
12 500 € à 25 000 €	0 % : tranche exonérée puisque la part nette recueillie par Z ne dépasse pas 125 000 €	0 €
25 000 € à 50 000 €	5 %	1 250 €
50 000 € à 100 000 €	7 %	3 500 €

En Région bruxelloise, 5 050 €, soit

Tranches	Taux	Droits de succession par tranche
0 € à 15 000 €	0 % : tranche exonérée	0 €
15 000 € à 50 000 €	3 %	1 050 €
50 000 € à 100 000 €	8 %	4 000 €

Existe-t-il des exemptions supplémentaires prévues pour les enfants du défunt qui n'ont pas atteint l'âge de 21 ans ?

Oui. Dans les deux régions, en ce qui concerne les enfants du défunt qui n'ont pas atteint l'âge de 21 ans, il existe les exonérations suivantes :

- à concurrence de 2 500 € en faveur de l'enfant du défunt pour chaque année restant à courir jusqu'à ses 21 ans;
- à concurrence de la moitié des abattements supplémentaires dont bénéficient ensemble les enfants communs en faveur du conjoint ou du cohabitant légal survivant.

Exemple

Une personne décède en laissant comme héritiers son époux ainsi que leurs deux enfants, X1 et X2, âgés respectivement de 10 et 14 ans au jour du décès. L'époux hérite de 100 000 € et les deux enfants de 50 000 € chacun.

a) Pour l'enfant X1, âgé de 10 ans et 5 mois, il lui reste 10 années entières à courir avant l'âge de 21 ans. Son exonération supplémentaire portera donc sur le montant de 10 x 2 500 € = 25 000 €.

X1 payera donc les droits de succession suivants :

En Région wallonne, aucun droit de succession, soit

Tranches	Taux	Droits de succession par tranche
0 € à 12 500 €	0 % : tranche exonérée	0 €
12 500 € à 25 000 €	0 % : tranche exonérée puisque la part nette recueillie par X1 ne dépasse pas 125 000 €	0 €
25 000 € à 50 000 €	0 % : tranche exonérée par application de l'abattement supplémentaire de 25 000 € (10 x 2 500 €)	0 €

En Région bruxelloise, 300 €, soit

Tranches	Taux	Droits de succession par tranche
0 € à 15 000 €	0 % : tranche exonérée	0 €
15 000 € à 40 000 €	0 % : tranche exonérée par application de l'abattement supplémentaire de 25 000 € (10 x 2 500 €)	0 €
40 000 € à 50 000 €	3 %	300 €

b) Pour l'enfant X2, âgé de 14 ans et 3 mois, il lui reste six années entières à courir avant l'âge de 21 ans. Son exonération portera donc sur le montant de 6 x 2 500 € = 15 000 €.

X2 payera donc les droits de succession suivants :

En Région wallonne, 500 €, soit

Tranches	Taux	Droits de succession par tranche
0 € à 12 500 €	0 % : tranche exonérée	0 €
12 500 € à 25 000 €	0 % : tranche exonérée puisque la part nette recueillie par X2 ne dépasse pas 125 000 €	0 €
25 000 € à 40 000 €	0 % : tranche exonérée par application de l'abattement supplémentaire de 15 000 € (6 x 2 500 €)	0 €
40 000 € à 50 000 €	5 %	500 €

En Région bruxelloise, 600 €, soit

Tranches	Taux	Droits de succession par tranche
0 € à 15 000 €	0 % : tranche exonérée	0 €
15 000 € à 30 000 €	0 % : tranche exonérée par application de l'abattement supplémentaire de 15 000 € (6 x 2 500 €)	0 €
30 000 € à 50 000 €	3 %	600 €

c) L'époux bénéficie la moitié des abattements supplémentaires dont profitent ensemble les enfants communs.

X1 et X2 bénéficient ensemble d'abattements supplémentaires s'élevant à 25 000 + 15 000 = 40 000 €. L'époux profite donc d'un abattement équivalent à la 1/2 de 40 000 €, soit 20 000 €.

L'époux payera par conséquent les droits de succession suivants :

En Région wallonne, 3 750 €, soit

Tranches	Taux	Droits de succession par tranche
0 € à 12 500 €	0 % : tranche exonérée	0 €
12 500 € à 25 000 €	0 % : tranche exonérée puisque la part nette recueillie par l'époux ne dépasse pas 125 000 €	0 €
25 000 € à 45 000 €	0 % : tranche exonérée par application de l'abattement supplémentaire de 20 000 € [(25 000 + 15 000) : 2]	0 €
45 000 € à 50 000 €	5 %	250 €
50 000 € à 100 000 €	7 %	3 500 €

En Région bruxelloise, 4 450 €, soit

Tranches	Taux	Droits de succession par tranche
0 € à 15 000 €	0 % : tranche exonérée	0 €
15 000 € à 35 000 €	0% : tranche exonérée par application de l'abattement supplémentaire de 20 000 € [(25 000 + 15 000) : 2]	0 €
35 000 € à 50 000 €	3 %	450 €
50 000 € à 100 000 €	8 %	4 000 €

Existe-t-il des réductions de l'impôt successoral ?

Dans les deux régions, il existe plusieurs réductions de l'impôt successoral.

Voici les plus courantes :

- l'héritier a au moins trois enfants en vie qui n'ont pas atteint l'âge de 21 ans au jour de l'ouverture de la succession (au décès);
- il y a deux décès dans la même année et les deux successions portent sur les mêmes biens;
- legs faits à des communes ou à certaines associations;
- la transmission d'entreprise.

Les réductions viennent en déduction de l'impôt successoral et non de la base imposable comme les exemptions dont question ci-dessus.

Quelle réduction applique-t-on pour l'héritier qui a trois enfants de moins de 21 ans ?

Pour les deux Régions :

- La réduction est égale à 2 % par enfant, sans que celle-ci ne puisse excéder 62 € par enfant.
- Si l'héritier est le conjoint survivant ou le cohabitant légal, alors la réduction est portée à 4 % par enfant, sans que celle-ci ne puisse excéder 124 € par enfant.

Exemple

Monsieur X est redevable de droits de succession pour un montant de 2 050 €. Il a hérité de sa défunte mère et il a cinq enfants ayant tous moins de 21 ans. La réduction se calculera comme suit :

- (2 % x 2 050 €) x 5 (enfants) = 205 €;
- il faut que la réduction ne dépasse pas 62 € par enfant, ce qui est le cas : 2 % x 2 050 € = 41 € de réduction par enfant;
- Monsieur X sera donc redevable de 2 050 € - 205 € = 1 845 €.

Doit-on payer deux fois les droits de succession, si deux décès surviennent dans la même année ?

Si deux décès surviennent dans la même année et qu'il s'agit des mêmes biens imposés dans les deux successions, alors les droits de succession dus la deuxième fois sont réduits de moitié. Cette réduction ne peut cependant pas dépasser les droits perçus la première fois.

Il faut préciser que la situation est tout autre en cas de décès simultané, p.ex. un accident de voiture dans lequel les membres d'une même famille perdent la vie.

À moins de prouver que les décès n'ont pas eu lieu de façon simultanée, les successions sont alors réglées parallèlement, comme si l'autre défunt n'avait jamais existé, et cela dans le but d'éviter des taxations successives. C'est la **"théorie des comourants"**.

La réduction relative à deux décès consécutifs dans la même année ne s'applique par conséquent pas aux comourants.

Quels sont les taux en cas de legs à une commune, à une association, ... ?

Les droits de succession sont réduits :

pour la Région wallonne

- à 5,5 % pour les legs faits, entre autres, aux provinces, aux communes, aux sociétés agréées par la Société wallonne du Logement, au Fonds du logement des familles nombreuses de Wallonie, aux organismes à finalité sociale, ...
- à 7 % pour les legs faits, entre autres, aux associations sans but lucratif, aux mutualités, aux unions professionnelles, aux fondations privées, ...

pour la Région de Bruxelles-Capitale

- à 6,6 % pour les legs faits, entre autres, aux communes situées en Région de Bruxelles-Capitale et à leurs établissements publics, aux sociétés agréées par la Société du Logement de la Région de Bruxelles-Capitale, ...
- à 6,60 % pour les legs faits, entre autres, à la Communauté française, à la Communauté flamande, à la Communauté germanophone, ...
- à 25 % pour les legs faits, entre autres, aux associations sans brut lucratif, aux mutualités, aux unions professionnelles, aux fondations privées, ...
- à 12,5 % pour les legs faits aux associations sans but lucratif et autres personnes morales sans but lucratif qui ont obtenu un agrément fédéral (sauf taux plus avantageux).

Ces taux avantageux permettent de réduire les droits de succession, si le défunt n'a pas d'héritiers en ligne directe et souhaite avantager à un taux réduit soit des parents éloignés, soit des personnes qui n'ont pas de lien de parenté avec lui. Cette technique est appelée le "legs en duo". Si cette question vous intéresse, la matière étant difficile et les situations variant d'un cas à l'autre, vous pouvez obtenir de plus amples renseignements auprès de votre notaire.

Quelles sont les règles applicables en cas de transmission d'entreprise ?

En cas de transmission d'entreprise, des règles avantageuses ont été mises en place dans les deux Régions. Cependant, les conditions d'application sont multiples et doivent impérativement être respectées sous peine de sanction (droits de succession dus au taux ordinaire, amendes, intérêts, ...).

En Région wallonne

Les droits de succession peuvent être réduits à néant lorsque l'on hérite d'une part nette dans une entreprise si plusieurs conditions sont remplies.

Ces conditions concernent :

- les droits que le défunt possédait dans l'entreprise;
- l'entreprise elle-même;
- les modalités à respecter pour les titres et créances (droit de vote);
- les formalités à remplir.

Les héritiers, légataires ou donataires qui demandent l'application de cette règle sont appelés "continuateurs".

En outre, le droit réduit dû est maintenu uniquement si les héritiers poursuivent, entre autres, l'activité de l'entreprise pendant au moins cinq ans à compter de la date du décès, si le total du nombre de travailleurs et de personnes indépendantes est maintenu à au moins 75 %, ...

Pour la Région de Bruxelles-Capitale

Les droits de succession sont réduits à 3 % de la valeur nette de la part du défunt dans une petite ou moyenne entreprise, pour autant que plusieurs conditions soient remplies.

Comme pour la Région wallonne, ces conditions portent sur :

- les droits que le défunt possédait dans l'entreprise;
- l'entreprise elle-même (250 personnes employées au maximum, chiffre d'affaires annuel de moins de 40 millions €, ...);
- les modalités à respecter pour les titres (droit de vote);
- les formalités à remplir.

En outre, le droit réduit dû n'est également maintenu que si les héritiers poursuivent, entre autres, l'activité de l'entreprise pendant au moins cinq ans après le décès, que le total du nombre de travailleurs salariés dans l'entreprise est maintenu à au moins 75 %, ...

Pour se voir appliquer le taux avantageux, en cas de transmission d'entreprise, la démarche et les exigences à respecter sont assez contraignantes.

Certaines personnes peuvent-elles être assimilées à des héritiers en ligne directe ?

Oui, il existe plusieurs cas d'assimilation d'une personne à un héritier en ligne directe.

Le cas le plus courant est l'enfant du conjoint ou du cohabitant légal, en faveur duquel le défunt a réalisé un legs. On peut appliquer à cet enfant le tarif en ligne directe, et ce, dans les deux Régions.

En Région wallonne, la part que recueille l'enfant du conjoint survivant dans la succession de son beau-parent est assimilée au tarif en ligne directe.

Dans la Région de Bruxelles-Capitale, **toute personne** (et donc, pas seulement l'enfant de son conjoint ou d'un cohabitant) est assimilée et peut bénéficier du tarif en ligne directe si :

- elle ne présente pas avec le défunt un lien de parenté jusqu'au troisième degré;
- elle a reçu - soit du défunt, soit du défunt et de son conjoint/cohabitant légal ensemble - les secours et les soins que les enfants reçoivent normalement de leurs parents, pendant six années ininterrompues, avant l'âge de 21 ans.

L'assimilation en ligne directe vaut également dans l'autre sens, c'est-à-dire lors du décès de l'enfant.

Il existe également d'autres cas d'assimilation à des héritiers en ligne directe qui sont :

- l'enfant que le défunt a adopté simplement (et non plénièrement), à condition de remplir divers critères (il est prudent de se renseigner auprès de son notaire pour connaître ces conditions et constituer de son vivant un dossier permettant de prouver que ces conditions sont remplies);
- les beaux-parents qui héritent de l'enfant de leur conjoint ou cohabitant légal;
- si l'héritier est divorcé ou a fait une déclaration de cessation de cohabitation légale avec le défunt, mais qu'ils ont des enfants ou descendants communs.

Existe-t-il des règles particulières si l'on hérite d'un immeuble où est établi le logement familial ?

Il existe un tarif avantageux si l'on hérite d'un immeuble destiné au logement familial.

Cependant, ce tarif s'applique seulement si :

- la succession du défunt comprend au moins une part en pleine propriété dans l'immeuble;

- le défunt a eu sa résidence principale, depuis cinq ans au moins à la date de son décès, dans cet immeuble (sauf pour cause de force majeure : raisons de santé, ...);
- cette habitation est recueillie par un héritier en ligne directe, par le conjoint ou le cohabitant du défunt.

Le tarif est le suivant :

A) Région de Bruxelles-Capitale

Tranches	Taux
0 € à 50 000 €	2 %
50 000 € à 100 000 €	5,3 %
100 000 € à 175 000 €	6 %
175 000 € à 250 000 €	12 %
250 000 € à 500 000 €	24 %
Au-delà de 500 000 €	30 %

B) Région wallonne

Tranches	Taux
0 € à 25 000 €	1 %
25 000 € à 50 000 €	2 %
50 000 € à 175 000 €	5 %
175 000 € à 250 000 €	12 %
250 000 € à 500 000 €	24 %
Au-delà de 500 000 €	30 %

Lorsque la succession comprend d'autres biens de valeur (titres, assurances, ...), le calcul des droits de succession est relativement compliqué, notamment en ce qui concerne l'imputation du passif (selon le régime matrimonial) et des abattements.

Il faut également observer qu'à partir de la tranche de 250 000 €, le tarif est équivalent au taux ordinaire. Ce qui signifie qu'au-delà de cette tranche on ne peut plus parler d'avantage.

Comment se calculent les droits de succession du conjoint survivant ?

Selon la règle légale, le conjoint survivant recueille la totalité en usufruit des biens faisant partie de la succession du défunt. Cette règle ne s'applique pas dans tous les cas de figure (p.ex. un testament établi par le défunt où il lègue une partie de sa succession à une autre personne, une donation entre époux, ...).

D'un point de vue civil, l'usufruit est calculé en fonction de l'âge du conjoint survivant et de son sexe. L'usufruit n'est cependant pas calculé de la même manière s'il s'agit de le calculer fiscalement : on applique le calcul fiscal de l'usufruit en multipliant la valeur des biens hérités en usufruit par 4 % et par le nombre suivant :

Âge du conjoint survivant	Coefficient
20 ans ou moins	18
20 ans sans dépasser 30 ans	17
30 ans sans dépasser 40 ans	16
40 ans sans dépasser 50 ans	14
50 ans sans dépasser 55 ans	13
55 ans sans dépasser 60 ans	11
60 ans sans dépasser 65 ans	9,5
65 ans sans dépasser 70 ans	8
70 ans sans dépasser 75 ans	6
75 ans sans dépasser 80 ans	4
plus de 80 ans	2

Exemple

Monsieur X décède sans avoir rédigé de testament et en laissant comme héritiers un fils Y et son épouse survivante, Madame Z, qui est âgée de 69 ans. La masse totale de sa succession s'élève à 100 000 €.

Les droits de succession seront calculés sur les montants suivants :

a) en ce qui concerne l'épouse survivante, Madame Z :

- on calcule l'usufruit qu'elle recueille dans la succession de son défunt mari, soit : 100 000 € x 4 % x 8 = 32 000 €;
- les droits de succession dont Madame Z sera redevable s'élèvent à :

En Région wallonne, 350 €, soit

Tranches	Taux	Droits de succession par tranche
0 € à 12 500 €	0 % : tranche exonérée	0 €
12 500 € à 25 000 €	0 % : tranche exonérée puisque la part nette recueillie par Z ne dépasse pas 125 000 €	0 €
25 000 € à 32 000 €	5 %	350 €

En Région bruxelloise, 510 €, soit

Tranches	Taux	Droits de succession par tranche
0 € à 15 000 €	0 % : tranche exonérée	0 €
15 000 € à 32 000 €	3 %	510 €

b) En ce qui concerne le fils, Y :

- on calcule la part qu'il recueille en nue-propriété, soit :
  100 000 € - 32 000 € (usufruit) = 68 000 €;

- les droits de succession dont Y sera redevable s'élèvent à :

En Région wallonne, 2 510 €, soit

Tranches	Taux	Droits de succession par tranche
0 € à 12 500 €	0 % : tranche exonérée	0 €
2 500 € à 25 000 €	0 % : tranche exonérée puisque la part nette recueillie par Y ne dépasse pas 125 000 €	0 €
25 000 € à 50 000 €	5 %	1 250 €
50 000 € à 68 000 €	7 %	1 260 €

En Région bruxelloise, 2 490 €, soit

Tranches	Taux	Droits de succession par tranche
0 € à 15 000 €	0 % : tranche exonérée	0 €
15 000 € à 50 000 €	3 %	1 050 €
50 000 € à 68 000 €	8 %	1 440 €

Que se passe-t-il si un des héritiers ou légataires a renoncé à la succession ?

L'héritier ou le légataire qui renonce à la succession ne paie aucun droit de succession. Par contre, les autres héritiers ou légataires ne peuvent payer des droits inférieurs à ceux qu'aurait payés le renonçant.

En d'autres termes, cette renonciation ne peut porter préjudice aux droits du Trésor public. Cette règle légale évite ainsi que des renonciations ne soient effectuées qu'à des fins purement fiscales.

Exemple

Monsieur X décède en laissant comme seul héritier son fils. Il a cependant rédigé un testament où il lègue une partie de sa fortune (100 000 €) à une amie, Madame Y, qui n'a aucun lien de parenté avec lui. Madame Y renonce à l'héritage car elle ne désire pas qu'une partie de la fortune de son défunt ami, Monsieur X, soit taxée à des taux très élevés (de 30 à 80 %).

En vertu de la règle selon laquelle la renonciation ne peut préjudicier au Trésor public, le fils de Monsieur X devra payer les droits de succession dus par Madame Y sur la part de celle-ci (soit des droits de 30 à 80 %, selon les Régions, sur les 100 000 € légués par testament)...

La renonciation de Madame Y n'a donc rien changé au montant des droits de succession perçus par l'administration fiscale sur la part qui lui avait été léguée par testament.

Que se passe-t-il si une personne domiciliée à l'étranger possède un immeuble en Belgique ?

Dans le cas d'une succession d'un non habitant du Royaume, on parle de droit de "mutation" par décès.

Ce droit est calculé sur la valeur des immeubles situés en Belgique au jour du décès. Aucune dette ne peut être déduite de ces biens immeubles.

La succession s'ouvre en principe dans la Région où sont situés les biens immeubles.

La masse imposable comprend-elle les immeubles situés à l'étranger et appartenant à un habitant du Royaume ?

Lorsque la succession d'un habitant du Royaume comprend un ou plusieurs immeubles situés à l'étranger, on applique une règle particulière.

Le pays où ces immeubles sont situés perçoit un impôt successoral sur ceux-ci. Dans ce cas, le droit de succession exigible en Belgique est réduit *à concurrence* de l'impôt déjà prélevé par le pays où sont établis ces immeubles.

Quel est l'impact sur les droits de succession en cas de donation datant de moins de trois ans avant le décès et si cette donation a fait l'objet de droits d'enregistrement ?

La Région wallonne et la Région de Bruxelles-Capitale appliquent le principe de la **réserve de progressivité**.

Cela signifie que les donations qui remontent à moins de trois ans avant le décès, et qui ont été soumises au droit d'enregistrement, sont prises en compte afin de déterminer le taux applicable.

Il n'en résulte pas pour autant que des droits de succession doivent être payés sur les biens donnés : cette règle concerne uniquement le taux applicable.

Il faut préciser que cette règle connaît quelques exceptions et ne s'applique pas, p.ex., si le défunt avait fait une donation mobilière (argent, ...) taxée au taux de 3 à 7 %.

EXEMPLE

Monsieur X est décédé le 16 août 2008 et l'actif global imposable de la succession s'élève à 400 000 €.

Il laisse comme seuls et uniques héritiers ses deux fils, X1 et X2. Un an avant son décès, soit le 16 août 2007, Monsieur X était passé chez le notaire, afin de faire une donation à un de ses fils, X1, d'un terrain d'une valeur de 100 000 €.

- La part nette de chaque enfant dans la succession s'élève à 200 000 € (400 000 € : 2);
- Les droits de succession se calculeront sur les 200 000 € recueillis par X1 et X2;
- Cependant, selon le principe de réserve de progressivité, le taux applicable sera déterminé en incluant la donation de l'immeuble, en ce qui concerne son fils X1.

a) X2 payera les droits de succession suivants :

En Région wallonne, 17 625 €, soit

TRANCHES	TAUX	DROITS DE SUCCESSION PAR TRANCHE
0 € à 12 500 €	3 %	375 €
12 500 € à 25 000 €	4 %	500 €
25 000 € à 50 000 €	5 %	1 250 €
50 000 € à 100 000 €	7 %	3 500 €
100 000 € à 150 000 €	10 %	5 000 €
150 000 € à 200 000 €	14 %	7 000 €

En Région bruxelloise, 16 750 €, soit

TRANCHES	TAUX	DROITS DE SUCCESSION PAR TRANCHE
0 € à 50 000 €	3 %	1 500 €
50 000 € à 100 000 €	8 %	4 000 €
100 000 € à 175 000 €	9 %	6 750 €
175 000 € à 200 000 €	18 %	4 500 €

b) En ce qui concerne X1, la base imposable est de :
200 000 € + *100 000 € (imm.)* = 300 000 €. Il payera donc les droits de succession suivants :

En Région wallonne, 33 000 €, soit

Tranches	Taux	Droits de succession par tranche
0 € à 100 000 €	application de la réserve de progressivité => pas de nouveaux droits de succession dus	0 €
100 000 € à 150 000 €	10 %	5 000 €
150 000 € à 200 000 €	14 %	7 000 €
200 000 € à 250 000 €	18 %	9 000 €
250 000 € à 300 000 €	24 %	12 000 €

En Région bruxelloise, 32 250 €, soit

Tranches	Taux	Droits de succession par tranche
0 € à 100 000 €	application de la réserve de progressivité => pas de nouveaux droits de succession dus	0 €
100 000 € à 175 000 €	9 %	6 750 €
175 000 € à 250 000 €	18 %	13 500 €
250 000 € à 300 000 €	24 %	12 000 €

PARTIE 5

Les possibilités de planification successorale

La planification successorale est un thème à la mode auquel personne n'est insensible. Cette préoccupation de programmation participe du souci d'anticiper le moment de son décès, afin d'en optimiser les conséquences financières pour ses héritiers.

À n'importe quel âge, il est prudent de s'interroger sur ce que l'on souhaite qu'il advienne de son patrimoine au moment du décès. Qui souhaite-t-on protéger ou avantager et dans quelle mesure ? Comment s'assurer que tel ou tel bien sera effectivement attribué à tel héritier et à quel prix ?

À ces objectifs, il faut ajouter le souhait de bénéficier des solutions fiscales les plus avantageuses.

Voici une série de méthodes de planification successorale qui doivent cependant être soigneusement étudiées afin d'éviter les mauvaises surprises.

À cet égard, le recours aux conseils d'un notaire sera souvent indiqué, parce qu'il permet de poser les bonnes questions qui conditionnent une planification sur mesure.

L'optimisation fiscale en matière de droits de succession est-elle permise ?

La réponse est incontestablement positive.

Le principe du choix de la voie la moins imposée est en effet reconnu en droit belge. Cela signifie que le contribuable est libre de rechercher les méthodes qui lui permettent de réduire sa charge fiscale, et ce pour autant qu'il ne viole pas la loi fiscale et respecte l'ensemble des conséquences des actes juridiques qu'il a posés.

L'administration - qui n'est pas liée par la qualification donnée par les parties à un acte - peut cependant invoquer une simulation, si elle estime que les parties à un contrat ont conclu celui-ci en sachant dès l'origine qu'ils n'en respecteraient pas les termes. Par exemple, un immeuble est officiellement vendu alors que, secrètement, il fait l'objet d'une donation, puisque le prix sera immédiatement rétrocédé à l'acquéreur ou ne sera tout simplement pas payé.

La simulation constitue une fraude fiscale punissable de lourdes amendes.

Mais s'il n'y a pas simulation, il est possible de planifier sa succession, soit par contrat de mariage, soit en faisant des donations.

Est-il possible de planifier sa succession via son contrat de mariage ?

Oui, les contrats de mariage sont de plus en plus fréquemment utilisés comme instrument de planification, parce qu'ils offrent aux époux une grande liberté contractuelle qui permet d'optimiser la succession.

Par exemple, en régime de communauté ou dans les régimes de séparation de biens avec société d'acquêts, les époux peuvent recourir à des "clauses d'apport", par lesquelles un bien propre à l'un d'entre eux est apporté au patrimoine commun et devient donc commun, ou des "clauses de liquidation" qui organisent un partage inégal de la communauté au moment de la dissolution du régime matrimonial, partage qui peut aller jusqu'à l'attribution de tout le patrimoine commun au conjoint survivant.

Ces clauses sont fiscalement considérées comme des legs, pour la part qui excède la moitié du patrimoine commun, et taxées en droits de succession.

Les conséquences financières sont donc désavantageuses, tant lors du premier décès (puisque seul l'époux survivant sera taxé en droits de succession, dont les taux sont progressifs) qu'au décès de l'autre époux, puisqu'une moitié du patrimoine commun subira une double taxation (une première fois dans le chef de l'époux survivant et une seconde fois dans le chef des héritiers de ce dernier).

Exemple

Si, au jour du décès, le conjoint survivant âgé de 57 ans recueille la totalité du patrimoine commun en vertu d'une clause d'attribution qui figure dans le contrat de mariage, et que ce patrimoine commun présente un actif net de 450 000 €, l'époux survivant devra payer des droits de succession pour un montant total de 21 750 €, alors que, si la succession lui avait été dévolue en usufruit, la nue-propriété étant recueillie par les deux enfants du couple, les droits de succession se seraient élevés à 9 000 € (soit 4 680 € dans le chef du conjoint survivant et 2 160 € dans le chef de chacun des enfants).

Lors du décès du second époux, la différence sera également très importante, puisque les enfants seront tenus de supporter les droits de succession sur l'ensemble du patrimoine commun.

Lorsque les époux ont prévu une clause d'attribution, comment procéder lorsque le domicile familial fait partie du patrimoine commun ?

Nous avons dit que l'époux survivant et les enfants du défunt bénéficiaient d'un régime fiscal de faveur sur l'héritage de l'immeuble familial.

Dans certains cas, il pourra donc être intéressant d'exclure l'habitation familiale d'une clause d'attribution de la communauté, puisque cet immeuble peut être transmis plus favorablement, en application des règles ordinaires du droit des successions.

Des nuances peuvent-elles être apportées à la clause d'attribution totale du patrimoine commun ?

Afin de pallier les inconvénients fiscaux décrits ci-dessus, la pratique a développé diverses clauses qui peuvent être insérées dans les contrats de mariage et permettent d'avantager le conjoint survivant à des conditions fiscalement plus intéressantes.

La clause d'attribution de l'usufruit de la totalité du patrimoine commun

Les époux peuvent prévoir dans leur contrat de mariage que le survivant recueillera l'usufruit de tout le patrimoine commun au moment de la dissolution du régime, tandis que la nue-propriété sera recueillie par les autres héritiers. Cette solution peut être intéressante pour les couples dont l'un des conjoints a des enfants issus d'un premier mariage.

L'utilité de cette clause sera également fonction de divers autres paramètres, tels que le nombre d'enfants ou l'âge du conjoint survivant.

Lors du décès du second époux, les héritiers nus-propriétaires recevront la pleine propriété des biens visés, sans payer de nouveaux droits de succession, par le simple fait de l'extinction de l'usufruit.

La clause d'attribution alternative ou optionnelle

La clause optionnelle offre à l'époux survivant la possibilité, au moment du décès du conjoint, de choisir entre l'attribution :

- de la totalité de la communauté en pleine propriété;
- d'une moitié en pleine propriété et l'autre en usufruit;
- de la totalité des biens meubles en pleine propriété, ainsi qu'une moitié des biens immeubles en pleine propriété et l'autre en usufruit;
- ou toute autre combinaison à laquelle les époux songent.

La taxation sera différente selon l'option choisie. La formule présente l'intérêt de permettre au conjoint survivant de faire son choix en fonction de cette taxation, mais également de la situation familiale et financière au moment du décès. Il pourra se faire assister par son notaire qui lui conseillera de choisir telle ou telle option, en fonction de ses besoins et de l'impact fiscal.

La clause d'attribution de la communauté avec charge

Nous avons vu que l'attribution de la communauté en pleine propriété au conjoint survivant présente l'inconvénient d'entraîner une double imposition en droits de succession. La clause d'attribution de la communauté avec charge permet d'atteindre le même objectif en évitant ce désavantage.

L'attribution est alors assortie d'une charge qui impose au survivant des époux de payer, à la succession du premier qui est décédé, une somme égale à la moitié du patrimoine commun.

Exemple

Si l'époux survivant se voit attribuer l'ensemble des biens faisant partie de la communauté estimée à 100 000 € et qu'il est en même temps redevable d'une dette de 50 000 €, il aura effectivement reçu 50 000 €.

Lors du premier décès, l'autre époux ne sera pas considéré comme ayant reçu davantage que sa part dans le patrimoine commun, de sorte que les règles ordinaires seront d'application : le conjoint sera imposé sur l'usufruit de la succession, tandis que les héritiers paieront des droits sur la nue-propriété des mêmes biens.

Afin d'avantager quand même l'époux survivant, on fait généralement en sorte que la créance ne soit exigible qu'au moment de son décès. Elle sera alors reprise au passif de sa succession.

La clause d'attribution unilatérale ou "sterfhuisconstructie"

On a dit que l'administration fiscale considère comme un legs - et donc taxable comme tel - l'attribution au survivant de la part du patrimoine commun qui excède la moitié.

Cette assimilation n'a toutefois pas lieu si le contrat de mariage prévoit qu'en cas de dissolution du régime matrimonial *pour quelque raison que ce soit*, le patrimoine commun sera attribué à tel époux nommément désigné.

Dès lors, si les circonstances - p.ex. une maladie incurable - permettent de déterminer avec certitude quel sera l'ordre des décès dans un couple, il est possible de modifier *in extremis* le régime matrimonial en désignant comme bénéficiaire celui des époux qui, selon toute vraisemblance, survivra à l'autre.

Cette clause permettra de limiter les droits de succession mais ne peut être utilisée que dans le cas précis où l'on connaît avec certitude celui qui survivra.

Les clauses particulières qui viennent d'être brièvement décrites doivent être introduites dans un contrat de mariage. Le notaire sera à même de conseiller la clause qui correspond le mieux à chaque cas d'espèce.

Un époux peut-il donner à son conjoint, via son contrat de mariage, les biens propres qu'il aura au moment de son décès ?

Oui, cela s'appelle une "institution contractuelle". Il s'agit d'une donation entre époux par laquelle un époux donne à l'autre l'ensemble des biens qu'il aura au moment de son décès.

Cette donation ne peut être réalisée que dans le contrat de mariage ou par un acte notarié ultérieur. Il s'agit d'une donation de biens à venir, de sorte que l'impôt ne sera dû qu'au décès de l'époux qui les a concédés.

La donation est révocable d'un commun accord, si elle est stipulée dans le contrat de mariage, ou unilatéralement, si elle fait l'objet d'un acte séparé.

Sur le plan fiscal, l'institution contractuelle est taxée en droits de succession.

Ce mécanisme qui fut imaginé pour protéger le conjoint le plus faible est de moins en moins utilisé, surtout en présence d'enfants communs, depuis que la loi attribue automatiquement au survivant l'usufruit sur toute la succession du défunt.

La solution présente également des désavantages fiscaux, puisqu'une partie du patrimoine subira une double imposition. Les taux des droits de succession seront également plus élevés, puisque la masse imposable est plus important.

Comment protéger le conjoint survivant dans les couples ayant opté pour un régime de séparation de biens ?

Le régime de séparation de biens aboutit souvent à créer des disparités importantes dans le patrimoine respectif des époux, au préjudice de celui des conjoints qui a peut-être sacrifié sa carrière dans l'intérêt de la famille.

Cette circonstance a amené la pratique à développer des mécanismes destinés à corriger ces inégalités.

La clause "comme si"

Cette clause a pour conséquence que, lors de la dissolution du régime par le décès, le conjoint "faible" bénéficiera d'une créance à charge de la succession de l'époux prémourant d'un montant égal à celui dont il aurait bénéficié si ("comme si") le couple avait été marié sous le régime de la communauté universelle.

Il s'agit d'un mécanisme de correction interne au couple qui est considéré comme un avantage matrimonial et, par conséquent, taxé en droits de succession.

Cependant, l'avantage échappera aux droits de succession, pour autant que ce que l'époux reçoit en vertu de la clause ne dépasse pas :

- la valeur totale du patrimoine accumulé par les époux durant le mariage autrement que par héritage et/ou donation;
- OU la moitié de ce patrimoine en présence d'enfants d'une précédente union.

Si le conjoint le plus faible vient à décéder en premier, la créance dont il dispose se retrouvera en principe dans sa succession, obligeant ainsi les héritiers à payer des droits sur ce montant.

Afin de se prémunir de ce risque, il est prudent de prévoir ce type de clause à titre optionnel ou facultatif, afin de laisser au survivant le choix de l'exercer ou non. De même, les époux souhaiteront souvent exclure l'application de la clause en cas de dissolution du régime par le divorce.

EXEMPLE

Un couple est marié sous le régime de la séparation de biens. À la dissolution du régime, le patrimoine du mari s'élève à 800 000 €, tandis que celui de l'épouse est de 200 000 €. Le montant total de leur patrimoine "commun" constitué durant le mariage s'élève à 1 000 000 €. Ce montant correspond à la masse de participation à laquelle chacun des époux a en principe droit à concurrence de la moitié, soit 500 000 €.

Au décès du mari, l'épouse sera donc créancière de sa succession, à concurrence d'un montant de 300 000 €. Puisque la créance de l'épouse, ajoutée à son propre patrimoine, ne dépasse pas la moitié des biens mis en commun, cette créance est considérée comme un avantage matrimonial exempt de droits de succession.

Si l'épouse décède en premier lieu, le mari sera tenu de payer une créance de 300 000 € à la succession de celle-ci et des droits de succession seront dus sur ce montant. Cette fâcheuse conséquence pourra cependant être évitée en conférant à la clause un caractère optionnel.

La clause d'accroissement ou de tontine

Lors d'une acquisition indivise par des personnes qui vivent en couple, les acquéreurs souhaitent souvent assurer la sécurité d'existence au survivant d'entre eux et cette préoccupation se traduit fréquemment par l'inscription dans l'acte de vente d'une clause de tontine ou d'une convention d'accroissement.

À titre de rappel, ce type de clause a pour conséquence qu'au décès du premier des acquéreurs le survivant recueillera, selon le cas, l'usufruit ou la pleine propriété de l'immeuble acquis en commun, et ce en vertu d'un contrat et non de la succession.

L'avantage du mécanisme se situe dans le fait que les droits de succession ne sont pas dus sur la part transférée. Si la clause d'accroissement porte sur des biens mobiliers, elle n'est soumise au paiement d'aucun droit d'enregistrement ni de succession. Si l'accroissement porte sur un bien immobilier, le droit d'enregistrement de vente, soit 12,5 %, sera dû sur la part recueillie par le survivant.

Ce régime fiscalement avantageux exige cependant qu'au moment de l'acquisition du bien chaque partie ait contribué au paiement, à concurrence d'un même montant, et que chacune d'elle ait une chance égale de bénéficier de l'avantage (c'est-à-dire qu'elles aient un âge et un état de santé similaire).

À défaut, l'administration pourrait déduire que l'accroissement déguise une libéralité. Dans ce cas, elle exigera le paiement d'un droit d'enregistrement de donation à un taux équivalent aux droits de succession.

Quoi qu'il en soit, un calcul des coûts/bénéfices devra être réalisé parce que, s'il est exact que les droits d'enregistrement sont plus avantageux que les droits de succession entre non cohabitants, il n'en sera pas toujours de même entre époux.

Il conviendra donc d'être prudent en cette matière et de consulter un spécialiste.

Puis-je planifier ma succession en faisant des donations de mon vivant ?

Le mécanisme de la donation permettait traditionnellement au donateur de faire profiter un donataire de la chose donnée sans attendre son décès.

Aujourd'hui, les donations poursuivent également un but fiscal, à savoir éviter des droits de succession.

Il est vrai que les tarifs applicables aux donations du patrimoine mobilier ont été largement revus à la baisse, de sorte que cette pratique est devenue courante dans le cadre des opérations de planification successorale.

Pour rappel, la donation est un contrat par lequel une personne manifeste son intention de délaisser un bien au profit d'une autre personne qui l'accepte.

La donation est en principe irrévocable, sous réserve de quelques exceptions, mais ce principe peut être relativisé par la possibilité d'effectuer une donation en réservant au donateur la jouissance et même la gestion des biens donnés durant sa vie.

À cet effet, les praticiens ont développé toute une série de techniques, qui permettent de rencontrer les objectifs du donateur.

L'on soulignera également que les aspects fiscaux des donations, comme des successions, ont été en grande partie régionalisés, ce qui a pour conséquence que les taux et la portée de certaines règles varieront en fonction de la région où a vécu le plus longtemps le donateur, au cours des cinq années qui ont précédé la donation.

Quel est le tarif applicable aux donations immobilières ?

En Région wallonne, le tarif applicable est progressif par tranche, c'est-à-dire qu'il augmente en fonction de l'importance des montants donnés. Ce tarif a été aligné sur celui des droits de succession et, comme les droits de succession, il dépend du lien de parenté entre le donateur et le donataire.

Donation en ligne directe, entre époux ou cohabitants légaux

De 0 € à 12 500 € inclus	3 %
De 12 500 € à 25 000 € inclus	4 %
De 25 000 € à 50 000 € inclus	5 %
De 50 000 € à 100 000 € inclus	7 %
De 100 000 € à 150 000 € inclus	10 %
De 150 000 € à 200 000 € inclus	14 %
De 200 000 € à 250 000 € inclus	18 %
De 250 000 € à 500 000 € inclus	24 %
Au-delà de 500 000 €	30 %

Donation entre des frères et/ou des sœurs

De 0 € à 12 500 € inclus	20 %
De 12 500 € à 25 000 € inclus	25 %
De 25 000 € à 75 000 € inclus	35 %
De 75 000 € à 175 000 € inclus	50 %
Au-delà de 175 000 €	65 %

Donation entre des oncles et/ou tantes et/ou des neveux et/ou des nièces

De 0 € à 12 500 € inclus	25 %
De 12 500 € à 25 000 € inclus	30 %
De 25 000 € à 75 000 € inclus	40 %
De 75 000 € à 175 000 € inclus	55 %
Au-delà de 175 000 €	70 %

Donation entre toutes autres personnes

De 0 € à 12 500 € inclus	30 %
De 12 500 € à 25 000 € inclus	35 %
De 25 000 € à 75 000 € inclus	60 %
Au-delà de 75 000 €	80 %

En Région bruxelloise, le tarif applicable est également progressif et fonction du lien de parenté entre donateur et donataire. Il est en outre identique à celui des droits de succession.

Donation en ligne directe, entre époux et entre cohabitants légaux

TRANCHE DE LA DONATION	A	B
de à inclus		
0,01 € - 50 000 €	3 %	
50 000 € - 100 000 €	8 %	1 500 €
100 000 € - 175 000 €	9 %	5 500 €
175 000 € - 250 000 €	18 %	12 250 €
250 000 € - 500 000 €	24 %	25 750 €
au-delà de 500 000 €	30 %	85 750 €

Donation entre frères et/ou sœurs

TRANCHE DE LA DONATION	A	B
de à inclus		
0,01 € - 12 500 €	20 %	
12 500 € - 25 000 €	25 %	2 500 €
25 000 € - 50 000 €	30 %	5 625 €
50 000 € - 100 000 €	40 %	13 125 €
100 000 € - 175 000 €	55 %	33 125 €
175 000 € - 250 000 €	60 %	74 375 €
au-delà de 250 000 €	65 %	119 375 €

Donations entre oncles ou tantes et neveux et nièces

TRANCHE DE LA DONATION	A	B
de à inclus		
0,01 € - 50 000 €	35 %	
50 000 € - 100 000 €	50 %	17 500 €
100 000 € - 175 000 €	60 %	42 500 €
au-delà de 175 000 €	70 %	87 500 €

Donations entre toutes autres personnes

TRANCHE DE LA DONATION	A	B
de à inclus		
0,01 € - 50 000 €	40 %	
50 000 € - 75 000 €	55 %	20 000 €
75 000 € - 175 000 €	65 %	33 750 €
au-delà de 175 000 €	80 %	98 750 €

Dans l'évaluation des coûts de l'opération, il faut également prendre en considération qu'à l'occasion de la donation d'un bien, dont le donateur se réserve l'usufruit, les droits d'enregistrement de donation seront perçus sur la valeur de la pleine propriété du bien.

En outre, en cas de nouvelles donations ou de décès du donateur endéans les trois ans qui suivent une donation à l'un de ses héritiers ou légataires, la valeur de celle-ci sera ajoutée aux biens recueillis par ces derniers, pour le calcul des droits de succession ("règle de la progressivité").

Exemple

Imaginons que Monsieur Dupont fasse donation à sa fille d'un appartement, d'une valeur de 100 000 €, et qu'il décède deux ans plus tard. Par ailleurs, la fille recueille, de la succession de son père, 500 000 €, qui seront taxés comme suit :

plutôt que de calculer l'impôt des successions de 0 € à 500 000 €, l'administration appliquera le tarif sur les tranches de 100 000 € à 600 000 €, c'est-à-dire (en Wallonie) :

De 100 000 € à 150 000 € = 10 % sur 50 000 € =	5 000 €
De 150 000 € à 200 000 € = 14 % sur 50 000 € =	7 000 €
De 200 000 € à 250 000 € = 18 % sur 50 000 € =	9 000 €
De 250 000 € à 500 000 € = 24 % sur 250 000 € =	60 000 €
De 500 000 € à 600 000 € = 30 % sur 100 000 € =	30 000 €
Total :	111 000 €

L'on aperçoit que le système du taux progressif par tranche permet de réaliser une économie fiscale si l'on fractionne les donations.

Exemple

Monsieur et Madame Dupont disposent d'un appartement d'une valeur de 400 000 €, dont ils souhaitent faire donation à leur fille (A) et leur fils (B).

Donation en une fois :

A : 100 000 € de maman et 100 000 € de papa = 2 x 5 625 € de droits de donation;
B : 100 000 € de maman et 100 000 € de papa = 2 x 5 625 € de droits de donation.
Total : 22 500 €.

Donation en deux fois :

A : 50 000 € de maman et de papa = 2 x 2 125 € de droits de donation;
B : 50 000 € de maman et de papa = 2 x 2 125 € de droits de donation.
L'opération doit évidemment être renouvelée et donc ces montants multipliés par 2.
Total : (2 x 2 125 €) x 2 x 2 = 17 000 €.

Il convient cependant d'effectuer les donations échelonnées en laissant s'écouler une période de trois ans entre chaque étape, parce qu'à défaut le montant des biens donnés dans ladite période rentrera en ligne de compte pour le calcul des droits de donation ultérieurs.

Quel est le tarif applicable aux donations mobilières ?

Les donations de biens mobiliers (sommes d'argent, bons de caisse, actions, etc.) peuvent être réalisées par un acte notarié, moyennant le paiement d'un droit de donation au taux "réduit", peu importe le montant de la donation.

Comme l'indique le tableau ci-dessous, les régions ont mis en place des taux favorables qui tiennent compte du lien de parenté qui existe entre le donateur et le donataire.

En Région wallonne	En Région bruxelloise
3 % pour les donations en ligne directe, entre époux et cohabitants.	**3 %** pour les donations en ligne directe, entre époux et cohabitants.
5 % pour les donations entre frères et soeurs, et entre oncles ou tantes et neveux ou nièces.	**7 %** pour les donations entre frères et soeurs, et entre oncles ou tantes et neveux ou nièces.
7 % pour les donations entre toutes autres personnes.	**7 %** pour les donations entre toutes autres personnes.

Une donation effectuée à taux "réduit" peut être précieuse. En effet, toute donation qui n'a pas été soumise aux droits d'enregistrement de donation, et effectuée dans les trois années précédent le décès du donateur, sera considérée appartenir au patrimoine du défunt et les montants seront alors taxés en droits de succession.

Contrairement aux donations immobilières, ce taux "réduit" d'imposition est linéaire et s'applique sur la valeur du bien donné. L'enregistrement est en outre "libératoire", c'est-à-dire que si le pourcentage dont question ci-dessus a été payé, on ne tiendra plus compte de la donation pour le calcul des droits de succession en cas de décès (ou d'enregistrement en cas de nouvelle libéralité) dans les trois ans qui suivent l'opération.

Exemple

M. S. fait un don très important par acte notarié à son filleul Jean. Il paye le taux réduit de 7´% de droits de donation. Malheureusement, M. S. décède un an après la donation. Jean - qui n'avait aucun lien de parenté avec son parrain - ne devra pas payer de droits de succession sur la somme reçue un an auparavant !

Existe-t-il une possibilité de faire une donation mobilière en évitant de payer tout droit ?

Les donations de biens mobiliers (sommes d'argent, bons de caisse, actions, etc.) peuvent être réalisées par un acte notarié, moyennant le paiement d'un droit de donation réduit (cf. supra).

Deux autres techniques permettent de réaliser une donation sans avoir à payer ni droit de donation ni droit de succession. Elles présentent cependant des risques de taxation !

Il s'agit :

- du **don manuel** qui se réalise par la remise des biens "de la main à la main" au donataire. Seuls les biens susceptibles d'être remis physiquement peuvent faire l'objet d'un don manuel.

Exemple

M. S. fait un don manuel d'une somme d'argent très importante à son filleul Jean. Il ne paye aucun droit. Si M. S. décède plus de 3 ans après le don, Jean ne devra jamais payer de droits de succession sur la somme reçue.

Par contre, si M. S. décède un an après la donation, Jean - qui n'avait aucun lien de parenté avec son parrain - devra payer 80 % de droits de succession sur ce qu'il a reçu un an auparavant !

Le don manuel est donc une arme à double tranchant...

- et de **la donation indirecte** qui consiste à transférer les biens au moyen d'un virement de compte à compte. Ces donations sont réalisées au moyen d'un acte "neutre", en ce sens qu'il ne révèle pas sa cause. L'exemple le plus typique est le virement bancaire qui sera effectué sans qu'aucune communication ne précise son objet. Aux yeux des tiers, il pourrait donc aussi bien s'agir d'un acte à titre onéreux que d'une libéralité. L'intention libérale ainsi que l'acceptation feront l'objet, dans cette hypothèse, d'un échange de correspondances entre les intéressés.

Quelles sont les conséquences de la suppression des titres au porteur sur les donations d'effets mobiliers ?

Nous avons vu qu'une donation pouvait se faire via un don manuel ou via une donation indirecte.

La suppression des titres au porteur, au profit des titres nominatifs ou dématérialisés, va nécessairement marquer un coup d'arrêt à la pratique traditionnelle du don manuel au profit des donations indirectes.

Quel type de donation privilégier pour des biens mobiliers : la donation notariée, par virement bancaire ou manuelle ?

La donation notariée représente assurément la solution la plus sûre, parce qu'elle entraîne le paiement du droit de donation "libératoire" et permet aux intéressés de bénéficier de l'expertise d'un professionnel qui pourra, le cas échéant, modaliser l'opération (en la combinant avec des charges ou conditions) afin de coller au plus près de leurs préoccupations.

Ainsi, la donation de titres, dont le donateur souhaite se réserver l'usufruit, est-elle idéalement réalisée par un acte notarié. En effet, celui-ci permet de prévoir une série de clauses qui règlent les droits et devoirs de chaque partie. Cette même opération est difficilement réalisable au moyen d'une donation manuelle (qui impose la remise des titres au donataire) ou indirecte.

Le taux réduit du droit d'enregistrement de donation incitera de nombreuses personnes à opter pour la donation notariée qui présente l'avantage de la sécurité juridique.

Il peut cependant parfois être tentant de contourner le paiement, tant des droits de donation que de succession.

C'est possible si les conseils prodigués par les spécialistes sont respectés et que le décès du donateur ne survient pas prématurément.

Si un don manuel ou une donation indirecte a été faite et que l'état de santé du donateur laisse présumer un décès rapide, il est toujours possible de faire enregistrer *in extremis* la donation au taux réduit et ainsi d'échapper au paiement des droits de succession.

L'on conseillera vivement aux parties, qui ont recours aux donations indirectes ou aux dons manuels, de se ménager une preuve de la date de la libéralité, par un échange de courriers recommandés sur lesquels figurera le cachet de la poste.

Quelles sont les modalités ou charges que l'on peut joindre à une donation manuelle ou par virement bancaire ?

Il est possible qu'une clause accompagne une donation par virement bancaire, afin de prévoir une modalité particulière. Celle-ci figurera à des fins probatoires dans un document appelé "pacte adjoint" à la donation. Une série d'effets civils peut ainsi y figurer, que ce soit dans l'intérêt du donateur, du donataire ou d'un tiers.

Il est bien entendu aussi possible de modaliser une donation par acte notarié. Les modalités se trouveront dans l'acte lui-même.

La clause de retour conventionnel

En vertu de cette clause, les biens donnés retourneront au donateur sans subir l'impôt successoral, dans l'hypothèse où le donataire viendrait à décéder avant le donateur. On peut modaliser cette clause en ce sens qu'elle puisse uniquement jouer en cas de décès du donataire sans descendant ou dans tous les autres cas. À nouveau, le notaire pourra vous conseiller à ce sujet.

La stipulation d'une charge

Le donateur pourrait également souhaiter imposer une charge à celui qui a bénéficié de la libéralité. De cette façon, il pourrait conserver une partie des revenus que lui procurait le bien donné. L'exemple le plus typique est l'obligation pour le donataire de verser une rente au donateur.

L'interdiction d'aliéner les biens donnés

Malgré une interdiction de principe, il est admis qu'il est possible d'interdire l'aliénation d'un bien donné, à condition que cette interdiction soit temporaire et motivée par un intérêt légitime (p.ex. parce que le donateur dispose de l'usufruit).

L'interdiction d'effectuer l'apport des biens donnés à la communauté conjugale

Une clause peut également interdire au donataire de faire apport au patrimoine commun d'un bien donné, afin qu'il conserve son statut de bien propre.

Ci-après, deux tableaux synthétisent les modalités applicables aux donations des différents types de biens mobiliers.

	Don manuel	Donation bancaire	Donation notariée
Titres au porteur	oui	non	oui
Titres nominatifs	non	non	oui
Titres dématérialisés	non	oui	oui

	Honoraires	Réserve d'usufruit	Droits de donation	Réserve de progressivité des droits de succession
Don manuel	non	non	non	oui
Donation bancaire	non	non	non	oui
Donation notariée Belgique	oui	oui	(3, 5, 7 %)	non
Étranger	oui	oui	non	oui

Comment limiter les conséquences du décès du donateur dans les trois ans qui suivent la donation ?

Les personnes désireuses de recourir à la donation par virement bancaire ou au don manuel peuvent limiter les conséquences d'un décès du donateur, dans les trois années qui suivent la donation, en souscrivant une assurance temporaire qui couvre le risque de décès. La prime à payer sera en principe largement inférieure aux 3 % des droits de donation et, en cas de survenance de l'événement couvert, l'assurance prendra en charge le supplément de droits de succession dus par le bénéficiaire de la libéralité.

Pratiquement comment se passe une donation mobilière ?

Où faire enregistrer la donation ?

La donation peut être enregistrée dans n'importe quel bureau d'enregistrement.

Elle sera taxée sur base du taux appliqué dans la région dans laquelle le donateur a son "domicile fiscal".

Le domicile fiscal est celui de la région dans laquelle le donateur a été domiciliée le plus longtemps dans les cinq années précédent la donation.

Que faire enregistrer ?

Il faut un écrit prouvant qu'il y a eu donation. La plupart du temps, il s'agira d'un document signé par le donateur et le donataire. Il est utile de consulter un notaire pour faire rédiger ce document qui devra d'ailleurs, dans certains cas, être fait par acte authentique.

Qui doit faire enregistrer la donation ?

N'importe qui peut la faire enregistrer, du moment que les droits d'enregistrement soient payés, ce qui peut être fait soit par chèque certifié, soit par virement préalable au bureau de l'enregistrement.

Si la donation a été faite par acte authentique, elle sera enregistrée par les soins du notaire.

Dans quel délai la donation doit-elle être enregistrée ?

Si la donation a été faite par acte authentique, elle devra être enregistrée dans les 15 jours de l'acte.

Dans tous les autres cas, elle peut être enregistrée à n'importe que moment, mais nécessairement du vivant du donateur.

Peut-on faire une donation en gardant un contrôle sur les biens donnés ?

Oui. Une fois la donation effectuée, le patrimoine du donateur se trouvera appauvri. Mais, afin d'éviter de mettre le donateur dans une situation financière délicate ou de lui permettre de continuer de gérer les biens donnés, des mécanismes peuvent être mis en place. Il est possible de modaliser la donation ou de ne donner que la nue-propriété des biens. Dans ce cas, le donateur s'en réservera l'usufruit.

La donation ne doit, en effet, pas nécessairement porter sur la pleine propriété d'un bien. De cette manière, le donateur conserve la jouissance, c'est-à-dire les revenus, des biens donnés jusqu'à sa mort. S'il y a plusieurs donateurs, il est possible de prévoir que l'usufruit ne s'éteindra qu'au décès du dernier d'entre eux. Un donateur peut également prévoir qu'en cas de décès de sa part l'usufruit sera reporté sur la tête d'une autre personne.

Exemple

Monsieur X peut donner un de ses immeubles à son neveu, tout en conservant l'usufruit et en stipulant qu'à son décès l'usufruit sera conservé par son épouse et ce jusqu'à sa mort. Dans ce cas, les droits d'enregistrement dus par le neveu sont calculés sur la pleine propriété du bien. De plus, lors du décès du donateur, son épouse sera redevable d'un droit de donation calculé sur base de la valeur de capitalisation de l'usufruit qu'elle recueille.

Il est pourtant possible d'éviter de payer ce droit de donation, si Monsieur X donne la nue-propriété des biens à son neveu et l'usufruit à son épouse. Il y a alors un double avantage : tout d'abord un éclatement des droits d'enregistrement entre l'usufruitier et le nu-propriétaire et donc une taxation moindre; ensuite, l'épouse ne devra plus rien payer au décès du donateur.

Pratiquement, se réserver l'usufruit signifie que le donateur pourra :

- s'il s'agit d'un immeuble, continuer à l'occuper, le louer et en percevoir les loyers;
- s'il s'agit d'une somme d'argent, toucher les intérêts;
- s'il s'agit de titres, encaisser les coupons;
- s'il s'agit de meubles meublants, les utiliser et les conserver chez lui, mais sans pouvoir les vendre, les donner ou les détruire.

Aux termes de l'usufruit, le bien donné reviendra sans aucune taxation au nu-propriétaire devenu plein propriétaire.

Conseil. Il est intéressant de prévoir dans l'acte de donation que le bénéficiaire de l'usufruit est dispensé de fournir caution et de faire un état de l'immeuble ou du bien donné.

Pour l'usufruit d'un portefeuille de titres, il est préférable d'opter pour des produits avec revenus par distribution, comme des obligations ou des actions. En effet, dans l'hypothèse de produits de capitalisation, où les revenus sont automatiquement ajoutés au capital, p.ex. des sicav, l'usufruitier ne pourra percevoir "d'intérêts" à terme fixe.

Il faudra alors, pour atteindre le but poursuivi, plutôt envisager d'autres solutions :

- une conversion de l'usufruit en une rente ou un capital versé par le donataire;
- une donation d'une partie des sicav aux enfants et une autre au conjoint du donataire.

Une donation peut être faite en imposant au donataire l'exécution de certaines charges au profit du donateur ou au profit d'un tiers, comme p.ex. payer une rente viagère, loger une personne, la nourrir, l'entretenir.

Quel document signer pour conserver la preuve des modalités de la donation ?

Il est conseillé de se réserver la preuve écrite de toute donation non notariée, et ce pour plusieurs raisons :

- pour prouver l'existence de la donation, sa date;
- pour préciser les parties à la convention, par exemple le donataire est-il Jean ou Jean et son épouse;
- pour prouver les modalités de la donation;
- pour préciser la valeur des biens donnés au jour de la donation;
- pour garantir au donateur - qui s'est dessaisi irrévocablement et donc appauvri -, s'il était plus tard dans le besoin, de pouvoir réclamer une rente au donataire.

Même dans l'hypothèse d'un don manuel, il est possible de prévoir des modalités, notamment pour éviter tout problème de gestion après la donation.

Ces modalités font l'objet d'un document appelé **pacte adjoint**, véritable feuille de route précisant les caractéristiques de la donation. Le pacte adjoint n'est soumis à aucune forme spécifique. Il peut être rédigé sous seing privé et peut émaner uniquement du donateur. Contrairement à la donation notariée, le pacte adjoint n'est pas l'origine de la donation, mais fait preuve de la convention en confirmant ses modalités.

On peut prévoir d'y préciser :

- le type de donation : en avancement d'hoirie ou par préciput et hors part;
- l'existence d'un droit de retour conventionnel;
- la stipulation de charges : p.ex. le paiement d'une rente, la constitution d'un usufruit;

- le mode de gestion d'un portefeuille de titres : p.ex. l'attribution d'un mandat de gestion à l'un des donataires ou le recours à un tiers;
- la durée de l'usufruit;
- les possibilités de renoncer à l'usufruit;
- une clause d'inaliénabilité pendant l'exercice de l'usufruit.

Le "pacte adjoint" est un contrat signé après la donation par le donateur et le donataire, dans lequel ils prennent des engagements. Il doit répondre aux conditions de forme des contrats et p.ex. être rédigé en autant d'exemplaires que de parties ayant un intérêt distinct.

L'intérêt de ce mécanisme est, comme pour des modalités insérées dans l'acte authentique d'un notaire, de demander la révocation de la donation devant le juge en cas de non-exécution des charges insérées dans le pacte adjoint.

La rédaction d'un pacte adjoint peut s'avérer extrêmement délicate. Il est conseillé de la confier à un juriste spécialisé.

Toute donation mobilière peut-elle bénéficier du taux réduit ?

Rappelons enfin que la Région wallonne a, contrairement aux deux autres Régions du pays, limité le bénéfice des taux réduits de 3, 5 et 7 %. Les donations mobilières en nue-propriété ou en usufruit, ainsi que certains instruments financiers, ne peuvent bénéficier des taux réduits et seront donc taxées aux taux progressifs. En règle générale, seuls les titres de sociétés cotées en bourse peuvent bénéficier du taux réduit. Par contre, les sociétés patrimoniales et les sociétés immobilières sont exclues de ce tarif privilégié. Dans le cadre d'une planification successorale, il est donc conseillé de toujours consulter un professionnel, afin de composer son portefeuille avec des titres pouvant faire l'objet d'une donation au taux réduit.

Il est également possible de faire une donation sans payer les droits d'enregistrement : on fait alors comparaître le donataire à l'assemblée générale de la société dont dépendent ces titres.

Le procès-verbal de cette assemblée est dressé par un notaire dans la forme authentique. Cet acte - reprenant, ou en tout cas annexant, la liste de présence des actionnaires - mentionnera le nom du donataire et le nombre de titres qu'il possède et donnera date certaine à l'opération. Le donateur devra néanmoins encore vivre trois ans.

Afin d'assurer la sécurité juridique de l'opération, il sera préférable d'établir un document prouvant l'intention du donateur de donner lesdits titres.

Qu'en est-il d'une donation ou transmission d'entreprise ?

Donation entre vifs

Les donations d'entreprises répondant à certaines conditions (lesquelles varient selon les régions) bénéficient d'un tarif préférentiel en matière de droits d'enregistrement :

- 0 % en Région wallonne,
- 2 % en Région flamande,
- et 3 % en Région de Bruxelles-Capitale.

Le domicile du donateur déterminera le régime fiscal applicable, mais, contrairement aux autres types de donation, le lien de parenté éventuel entre donataire et donateur n'a ici aucune incidence.

La notion d'entreprise comprend aussi bien une universalité de biens ou une branche d'activité au moyen de laquelle s'exerce une activité industrielle, commerciale, agricole, une profession libérale, une charge ou un office que des actions ou des parts de société ayant pour objet l'exercice d'une telle activité.

Les immeubles destinés et utilisés dans le cadre d'une telle activité sont donc également visés.

Pour bénéficier de ce tarif, il faut :

- le maintien de l'activité pendant un période d'au moins cinq ans à compter de l'acte de donation et;
- ne pas affecter à l'habitation, partiellement ou totalement, les immeubles faisant éventuellement partie de la donation pendant une durée ininterrompue de cinq ans.

Chaque région connaît des subtilités. Un professionnel vous aidera à analyser avec précision la situation en cause.

À Bruxelles, la valeur de la donation d'entreprise doit être prise en considération pour le calcul des droits de succession, en cas de décès du donateur dans les trois ans de la donation.

Par contre, en Région wallonne, le paiement des droits d'enregistrement est considéré comme "libératoire".

Lors du décès du donateur, les héritiers ne pourront pas demander leur part successorale en nature - pour les biens faisant l'objet de la donation d'entreprise - mais la recevront en valeur éventuellement sur les autres biens dépendant de l'actif de la succession.

Contrairement aux donations classiques (taxées selon les droits progressifs) et comme pour les donations de biens meubles, il n'y a pas de réserve de progressivité. Un donateur pourra donc donner une branche d'activité en 2008, une en 2009 et une autre en 2010, en bénéficiant à chaque fois du taux réduit.

Transmission suite à un décès

En cas de transmission d'entreprise, des règles avantageuses ont été mises en place dans les deux Régions. Cependant, les conditions d'application sont multiples et doivent impérativement être respectées, sous peine de sanction (droits de succession dus au taux ordinaire, amendes, intérêts, ...).

➤ *En Région wallonne :*

Les droits de succession peuvent être réduits à néant, lorsque l'on hérite d'une part nette dans une entreprise, si plusieurs conditions sont remplies.

Ces conditions concernent :

- les droits que le défunt possédait dans l'entreprise;
- l'entreprise elle-même;
- les modalités à respecter pour les titres et créances (droit de vote);
- les formalités à remplir.

Les héritiers, légataires ou donataires qui demandent l'application de cette règle sont appelés "continuateurs".

En outre, le droit réduit n'est maintenu, entre autres, que si les héritiers poursuivent l'activité de l'entreprise pendant au moins cinq ans, à compter de la date du décès, si le total du nombre de travailleurs et de personnes indépendantes est maintenu au moins à 75 %, ...

➤ *À Bruxelles :*

Les droits de succession sont réduits à 3 % de la valeur nette de la part du défunt dans une PME, pour autant que plusieurs conditions soient remplies.

Ces conditions portent sur :

- les droits que le défunt possédait dans l'entreprise;
- l'entreprise elle-même (250 personnes employées au maximum, chiffre d'affaires annuel de moins de 40 millions €, ...);
- les modalités à respecter pour les titres (droit de vote);
- les formalités à remplir.

En outre, le droit réduit n'est maintenu que, entre autres, si les héritiers poursuivent l'activité de l'entreprise pendant au moins cinq ans après le décès, si le total du nombre de travailleurs salariés dans l'entreprise est maintenu au moins à 75 %, ...

Les démarches et les exigences à respecter sont assez lourdes pour bénéficier du taux avantageux en cas de transmission d'entreprise.

Quels sont les avantages d'une donation d'immeuble ?

La donation d'un immeuble s'analyse différemment de la donation d'un bien mobilier. La taxation est progressive par tranche et les taux diffèrent en fonction du domicile fiscal du donateur et du lien de parenté entre le donateur et le donataire.

Les taux varient donc de 3 à 30 % en ligne directe, entre époux et cohabitants. Ils peuvent atteindre 80 % entre "toutes autres personnes", c'est-à-dire pour des personnes sans lien de parenté proche avec le donateur (au delà d'oncle et tante et neveu et nièce) ou sans lien de parenté du tout.

Une donation immobilière simple peut se révéler intéressante fiscalement :

1) Elle permet d'éviter la progressivité des droits de succession, si elle a lieu plus de trois ans avant le décès du donateur.

En se séparant de ses avoirs tous les trois ans, le donateur évite donc à ses héritiers une taxation globale en droits de succession.

Exemple

Françoise possède trois immeubles estimés chacun à 200 000 €. Elle souhaite que ces biens reviennent à sa fille Céline et si possible à moindre coût.

- Si Françoise ne prévoit rien, Céline paiera des droits de succession de 116 625 € en Région wallonne et de 115 750 € à Bruxelles (avec un abattement sur la 1ère tranche).

- Si Françoise donne un immeuble en 1998, un second en 2002 et décède en 2006, les droits de donation s'élèveront en Région wallonne à 17 625 € par donation et Céline ne paiera plus que 17 625 € de droits de succession lors du décès de Françoise, soit un coût total en Région wallonne de 52 875 € et de 50 250 € à Bruxelles.

2) La donation permet d'éviter que l'immeuble, qui augmente de valeur au cours du temps, soit taxé sur une base plus importante lors de la succession.

3) Elle permet enfin de faire prendre en charge les droits de donation par le donateur, ce qui réduira d'autant le patrimoine successoral.

Exemple

En 2001, Jean donne à ses trois enfants un terrain valant 50 000 €.

En 2005, ce terrain devient bâtissable et augmente donc de valeur.

En 2008, Jean décède et le terrain vaut 200 000 €.

Le gain fiscal est triple pour les enfants de Jean :

- taxation sur 50 000 € et non sur 200 000 €;
- pas de droit de succession;
- si les frais ont été payés par Jean, ils diminuent la masse taxable en droits de succession.

4) De même, une donation peut revenir moins cher qu'un apport en société p.ex., lequel, pour un immeuble destiné à l'habitation, sera taxé au taux fixe de 12,5 % en Région wallonne et à Bruxelles et de 10 % en Région flamande.

Existe-t-il des particularités pour la donation de l'immeuble familial ?

Les trois régions du pays ont instauré un tarif préférentiel des droits de donation et de succession (en ligne directe) relatif à l'immeuble familial. Le logement principal de la famille représente dans la plupart des ménages l'essentiel du patrimoine.

Diverses conditions doivent être réunies pour bénéficier de ce tarif :

En Région wallonne

Il doit s'agir de la part en pleine propriété du donateur dans un immeuble destiné en tout ou en partie à l'habitation, situé dans la Région wallonne, et dans lequel le donateur a sa résidence principale depuis cinq ans au moins à la date de la donation (sauf si le donateur n'a pas pu conserver sa résidence principale dans l'immeuble, pour cause de force majeure ou de raison impérieuse de nature médicale, familiale, professionnelle ou sociale).

De plus, il n'y a pas de droit de donation, sur ce qui est donné à un donataire en ligne directe, entre époux, ou entre cohabitants légaux :

- à concurrence d'un montant de 12 500 €;
- à concurrence d'un montant supplémentaire de 12 500 €, lorsque l'émolument brut de ce donataire, soumis au droit préférentiel, n'excède pas 125 000 €.

À Bruxelles

- Il doit s'agir de la part en pleine propriété du donateur dans un immeuble destiné en tout ou en partie à l'habitation situé à Bruxelles;
- Le donataire demandant l'application du tarif préférentiel ne peut, à la date de la donation, être propriétaire de la totalité en pleine propriété d'un autre immeuble destiné en tout ou en partie à l'habitation;
- L'application de ce tarif préférentiel doit être demandée expressément dans l'acte de donation ou dans l'acte d'acceptation de la donation;

- Au moins un des donataires, qui demandent l'application du tarif préférentiel, doit s'engager dans cet acte à établir sa résidence principale à l'adresse de l'habitation donnée dans les deux ans et à maintenir sa résidence principale à Bruxelles pendant cinq ans, à compter de la date d'établissement de sa résidence principale dans le bien donné.

Ces tarifs préférentiels ne s'appliquent pas en cas de donation d'un terrain à bâtir.

J'ai fait des donations à mes enfants. Comment éviter des disputes lors de mon décès ?

Lorsqu'une donation est faite par un parent à ses enfants, la loi présume qu'il s'agit d'une "avance" sur sa part.

Les enfants devront "rapporter" les biens reçus par donation dans la succession du donateur, afin d'assurer un partage égalitaire entre tous les héritiers.

Exemple

Louise donne 300 000 € à Xavier, un de ses trois fils.

Elle meurt en laissant 1 500 000 €.

Pour rétablir l'égalité entre les trois enfants, Xavier doit "rapporter" ce qu'il a reçu. Chaque enfant doit avoir (1 500 000 € + 300 000 €) : 3 = 600 000 €.

Xavier a déjà reçu 300 000 €, il ne recevra donc plus que 300 000 €. Ses deux frères recevront chacun 600 000 €.

L'équilibre est ainsi respecté : chaque enfant aura reçu en fin de compte 600 000 €.

Cette donation conserve néanmoins un avantage important : Xavier a pu bénéficier de cette somme préalablement au décès de Louise, sans léser ses frère et sœur.

Pour limiter les problèmes éventuels au jour de l'ouverture de la succession, il faut donc envisager une programmation dans un cadre global et éviter :

- de donner à un de ses enfants un immeuble dont la valeur peut fluctuer de manière importante, alors qu'un autre recevrait des liquidités;
- de donner à chaque enfant des titres différents, même si la valeur globale au jour de la donation est la même;
- d'effectuer les donations mobilières ou immobilières à des dates différentes, s'il est possible de les faire ensemble;
- de donner au delà de sa quotité disponible.

Comment avantager un enfant par rapport à un autre ?

La loi accorde une "réserve" à certains héritiers du défunt pour les protéger : ses enfants, son conjoint ou cohabitant et ses parents afin de maintenir une égalité.

Il est néanmoins possible d'avantager un de ses héritiers en faisant comparaître l'ensemble des héritiers à un acte de donation ou de vente.

Exemple

Léon a trois fils : Michel, Julien et Daniel.

Il donne avec réserve d'usufruit des actions de sa société à son fils, Michel, estimées à 1 000 000 € au jour de la donation.

Le solde du patrimoine de Léon s'élève à 500 000 €.

- Si Julien et Daniel ne comparaissent pas à l'acte de donation et n'acceptent pas cette transaction, la liquidation de la succession de Léon se fera comme suit :
  La masse successorale au décès de Léon sera de 1 500 000 € et la quotité disponible sera d'1/4 de 1 500 000 €, soit 375 000 €.
  Michel ayant reçu 1 000 000 €, à imputer sur la quotité disponible, devra rapporter à la succession de Léon la somme de 625 000 €.
  La part réservataire de chacun des enfants de Léon est de 375 000 €.
  Michel ne recevra donc rien dans la succession de son père et devra en plus rendre à Julien et Daniel la somme de 625 000 €.

- Si Julien et Daniel avaient comparu à l'acte de donation afin d'accepter celle-ci, la donation à Michel serait sortie de la succession de Léon, laquelle aurait été partagée à son décès en trois parts égales de 166 666 €.

Les conséquences de cet accord sont très importantes : pour le donataire, il s'agit d'une disposition protectrice, alors que les héritiers non bénéficiaires de la donation perdront tous droit dans les biens donnés. Dans notre exemple, Julien et Daniel sont partiellement déshérités...

Comment des parents peuvent-ils donner un immeuble à leurs enfants ?

Si le bien est commun

Des époux mariés sous un régime de communauté ne peuvent donner des biens faisant partie de leur patrimoine commun sans le consentement de l'autre, même au profit d'un enfant commun. Lorsque des époux donnent ensemble un bien commun, on considère donc qu'ils donnent chacun la moitié du bien, de sorte qu'il y a deux donations concomitantes.

Les droits de donation sur un immeuble étant progressifs, il est possible de "casser" cette progressivité des taux d'imposition, en organisant un **fractionnement** de la transmission du patrimoine, soit dans le temps (donation d'un bien tous les trois ans), soit quant aux donataires.

EXEMPLE

Un père et une mère donnent un bien immeuble de 200 000 € à leurs 4 enfants. L'opération sera taxée sur la part nette recueillie par chacun des donataires, soit comme huit donations de 25 000 € : une donation par le père et une autre par la mère envers chacun de leurs quatre enfants.

Cela permet de bénéficier 8 x de la tranche d'imposition la plus basse.

Il y a donc fractionnement de l'imposition et non globalisation de celle-ci.

De même, dans l'hypothèse d'un couple ayant des enfants et désirant leur donner des immeubles, il est plus intéressant de donner les immeubles en indivision aux enfants et qu'ils se partagent ensuite les biens en payant un droit d'enregistrement d'1 % sur la valeur vénale en pleine propriété des immeubles. Cette formule est plus avantageuse que de donner directement un immeuble à chacun des enfants.

EXEMPLE

À Bruxelles, Laurence et Gilles donnent leurs trois immeubles estimés à 220 000 € en indivision à leurs trois enfants.

Droits de donation : 38 400 €.

Leurs enfants se partageront ensuite les biens en payant des droits d'enregistrement globaux de 6 600 €.

Coût total de 45 000 €.

Ce procédé s'appelle le **double acte** et consiste en deux phases : une donation par les parents à leurs trois enfants, en indivision, suivie d'une sortie d'indivision entre les trois enfants. Cette manière d'agir a plusieurs avantages, puisqu'elle permet :

- de garder l'égalité entre les héritiers;
- d'éviter des surprises lors de la succession des parents donateurs, puisque les trois enfants ont reçu la même chose et qu'il n'y aura dès lors pas d'inégalité possible;
- d'assurer à l'héritier repreneur de conserver la propriété de son bien.

Exemple

Louis a trois enfants : Julie, Sophie et Charles.

Julie souhaite reprendre la maison familiale qui vaut 300 000 €. Tous les enfants acceptent cette opération.

Louis peut donner l'immeuble à ses trois enfants en indivision. Lorsque le don est effectué, Sophie et Charles cèdent leurs droits indivis dans l'immeuble à Julie, pour un prix fixé payable immédiatement ou à terme.

Ce mécanisme évite également toute difficulté au niveau du calcul de la réserve lors du décès des parents.

Si le bien est propre

Rien n'empêche un époux marié, en régime de communauté des biens, possédant un immeuble dans son patrimoine propre (avant son mariage ou par donation ou succession) de le donner.

Bien que ce bien soit propre, ses revenus (locatifs par exemple) sont communs. Dès lors, la donation d'un tel bien peut nuire aux intérêts de la famille. La loi prévoit que les donations faites par l'un des époux et mettant en péril les intérêts de la famille peuvent être annulées à la demande de l'autre époux.

Il faut donc veiller à la présence de l'autre époux à l'acte, afin qu'il déclare qu'il a pris connaissance du contenu de la donation, qu'il reconnaît que celle-ci ne met pas en péril les intérêts de la famille et par conséquent qu'il renonce à agir en nullité.

De même, en cas de donation par un époux de la nue-propriété d'un bien propre, il faut savoir que, l'usufruit s'éteignant le jour du décès de l'usufruitier, l'époux survivant ne pourra plus exercer son propre usufruit sur ce bien. En compensation et sauf renonciation dans l'acte de donation, l'époux survivant a droit à une rente indexée due par le donataire Les conseils du notaire seront précieux dans cette hypothèse.

Les parties à la donation ont intérêt à "casser" la progressivité des taux de taxation. Pour ce faire, un époux peut apporter son bien propre à la communauté. Cette opération n'est pas taxée. Le bien devient ainsi la propriété des deux époux. Ensuite, ces deux époux font la donation.

Exemple

Marie, mariée en régime de séparation de biens avec Pierre, a hérité d'un appartement à la mer estimé à 120 000 €.

- Si elle décide de donner son bien à son fils Marc, les droits de donation s'élèveront à 7 625 € en Région wallonne.
- Si elle apporte ce bien a une société d'acquêts et effectue la donation avec son époux, les droits ne seront plus que de 5 650 € (+ frais d'acte).

Le donateur peut-il payer les droits de donation ?

Oui. Aucune règle ne prévoit que les frais d'un acte de donation doivent être payés par celui qui bénéficie de la donation.

De plus, la prise en charge des frais de donation par le donateur n'est pas considérée par l'administration fiscale comme une donation. Les donataires auront dès lors un double avantage à voir les frais de donation au sens large pris en charge par le donateur.

De même, en cas de donation d'un immeuble dans les trois ans précédent le décès du donateur, la valeur du bien donné au jour du décès sera prise en compte pour la détermination du tarif des droits de succession à appliquer, mais la somme représentant les droits de donation payés antérieurement ne sera pas reprise dans ce calcul et dès lors déjà indirectement accordée aux héritiers...

Quel est l'impact d'une donation de la nue-propriété d'un immeuble sur la déduction du prêt hypothécaire ?

Moyennant certaines conditions, les dépenses relatives à un prêt hypothécaire (remboursement du capital et des intérêts) donnent droit à une déduction fiscale appelée **déduction pour habitation unique et propre**.

L'habitation est considérée comme unique si celui qui demande la réduction n'est pas propriétaire d'une autre habitation.

L'habitation est propre si celui qui demande la réduction occupe le bien et en est plein propriétaire, possesseur, emphytéote, titulaire d'un droit de superficie ou usufruitier.

Dans l'hypothèse de personnes mariées ou de cohabitant légaux, les deux partenaires doivent occuper l'immeuble.

Le donataire nu-propriétaire pourrait, moyennant l'intervention de l'usufruitier donateur, affecter le bien en hypothèque et contracter une ouverture de crédit hypothécaire. Mais il ne pourra pas bénéficier de la déduction fiscale pour habitation unique et propre, alors que le donateur usufruitier pourra en profiter.

Rappelons que l'usufruitier pourra continuer à occuper le bien, à le louer (pour une durée maximale de neuf ans), à en percevoir les loyers éventuels, mais devra, en contre partie, en payer les charges ordinaires, déclarer le revenu cadastral dans sa déclaration d'impôts et payer le précompte immobilier.

La donation de la nue-propriété reste néanmoins intéressante, car le jour où l'usufruit s'éteindra (à la date du décès du donateur, du dernier d'entre eux ou à une date convenue) le donataire deviendra plein propriétaire du bien sans payer de droits de succession.

Puis-je faire une donation à mon fils tout en prévoyant qu'à son décès les biens donnés reviendront à ma fille ?

On appelle cela la **double donation** ou donation **de residuo**. Il s'agit en réalité de deux donations par lesquelles le donateur dispose de tout ou partie de ses biens en faveur d'un premier bénéficiaire, en précisant que ce qui restera des biens donnés au décès de ce bénéficiaire reviendra à un second bénéficiaire désigné par le donateur.

La double donation existe dès l'origine, mais l'exécution de la seconde est suspendue jusqu'au décès du premier bénéficiaire. Il n'y a donc qu'un seul acte juridique qui comporte deux donations successives portant sur les mêmes biens.

Ce mécanisme est avantageux, puisque chaque bénéficiaire reçoit du donateur initial. Les droits de donation sont donc toujours dus, en tenant compte du lien de parenté existant entre le donateur initial et le bénéficiaire. Les deux bénéficiaires reçoivent de la même personne, le second bénéficiaire ne reçoit rien du premier.

Exemple

Jean a deux enfants : Marc et Sophie de 10 ans sa cadette. Marc est célibataire et n'a pas d'enfant.

Jean fait donation à Marc d'une maison et des meubles meublants qui s'y trouvent. Il précise en outre que les biens qui subsisteront au décès de Marc reviendront à Sophie ou en cas de prédécès à ses enfants. Jean → Marc → Sophie.

Les droits de donation pour la première opération (donation de Jean à Marc) seront calculés au tarif en ligne directe. Jean → Marc.

Au décès de Marc, la seconde donation sera également tarifée en ligne directe (donation de Jean à Sophie), et non selon le tarif entre frère et sœur qui aurait été plus coûteux. Jean → Sophie.

La volonté du donateur est évidemment qu'il reste quelque chose des biens donnés au décès du premier bénéficiaire. Comment le préciser ?

Il est interdit de prévoir dans l'acte de donation que le premier bénéficiaire doive conserver le bien. Néanmoins, il est possible de préciser qu'il ne peut pas le donner, ni le léguer (par donation ou testament).

Afin de garantir la sécurité juridique de l'opération, il est important de faire attention à différents points :

- il faut limiter la donation à la quotité disponible de la succession du donateur;
- les deux donations doivent être acceptées avant le décès du donateur. Pratiquement, il serait préférable de faire comparaître les deux bénéficiaires à l'acte notarié de donation;

- il peut aussi être utile de prévoir qu'en cas de vente par le premier bénéficiaire des bien reçus le prix de vente sera individualisé sur un compte séparé et que les droits du second bénéficiaire se reporteront sur ce prix de vente.

J'ai fait une donation. Reste-t-il des droits de succession à payer par le donataire ?

En principe non, puisqu'une donation est un acte posé du vivant du donateur et est donc étrangère aux droits de succession dus au décès du donateur.

Cependant, dans certains cas, des biens seront réintégrés dans la succession pour être taxés.

1) Les donations mobilières manuelles, indirectes ou déguisées, qui ont eu lieu durant les trois années qui précèdent le décès et n'ont pas été soumises aux droits de donation, sont considérées comme faisant partie de la succession du défunt.

Par contre, si la donation mobilière a été faite par acte notarié au taux réduit, les biens donnés ne seront plus taxés en droit de succession.

En matière de donation mobilière, chacun va devoir dès lors faire son choix : payer les droits de donation et ne plus s'inquiéter ou ne pas payer les droits de donation et courir le risque de droits de succession en cas de décès dans les trois ans.

Conseil. Certaines compagnies d'assurance proposent de couvrir le risque de décès durant les trois ans suivant la donation et de payer les droits de succession complémentaires. Donc si le coût des primes d'une telle assurance est moindre que 3 ou 7 % du capital donné, il peut être préférable de souscrire une telle assurance.

2) Si le défunt a fait des donations immobilières enregistrées dans les trois ans précédent son décès, la valeur de la donation sera prise en compte dans le calcul des droits de succession dus par le donataire.

Ce dernier ne payera pas une deuxième fois pour le bien donné, mais la valeur du bien donné sera prise en compte pour le calcul du taux à appliquer à la succession.

Exemple en Région wallonne

Pierre donne, par acte authentique en 2006, à son frère Marc un terrain d'une valeur de 25 000 €. Droits de donations payés : 5 625 €.

Pierre meurt la même année en laissant pour seul héritier son frère.

Valeur de son patrimoine au jour de son décès : 25 000 €.

Comme le décès a eu lieu dans les trois ans suivant la donation, les droits de succession dus se calculeront donc sur 50 000 € (25 000 € donnés + 25 000 € restant), soit 14 375 €, desquels on déduira les 5 625 € payés antérieurement. Il restera donc à payer 8 750 €.

Si le décès était survenu plus de trois ans après la donation, les droits de succession auraient été de 5 625 €.

3) Les sommes qu'une personne reçoit à titre gratuit au décès du défunt, en vertu d'un contrat renfermant une stipulation à son profit par le défunt ou par un tiers, sont taxables en droit de succession, par exemple les assurances vie.

Il existe cependant des exceptions que le notaire pourra préciser.

Que se passe-t-il en cas d'achat d'un appartement à la mer avec les enfants ?

Il est fréquent que des parents souhaitent acquérir une seconde résidence avec leurs enfants sous forme :

d'un achat en usufruit par les parents et en nue-propriété par les enfants

Il faut savoir que si aucune précaution n'est prise l'immeuble sera considéré comme se trouvant en pleine propriété dans la succession de l'usufruitier et donc taxé sur sa valeur totale.

Pour éviter cette taxation, il est important de pouvoir prouver que les nus-propriétaires possédaient les fonds nécessaires lors de la signature de l'acte authentique d'achat. Pratiquement, les fonds doivent se trouver sur le compte bancaire des enfants avant la signature de l'acte authentique d'acquisition et il faut prouver qu'ils paient le prix d'achat de la nue-propriété. Le notaire chargé de signer l'acte fera le nécessaire à ce sujet.

d'un achat en indivision

L'intérêt principal d'un achat en indivision est qu'il est possible de "sortir d'indivision" en payant des droits d'enregistrement de 1 % sur la valeur du bien et non de 12,5 % sur le prix de vente. Donc si les parents ont acheté 99 % et leurs enfants 1 %, les enfants pourront reprendre l'immeuble au droit de 1 %, mais à la condition de payer les 99 % à leurs parents.

EXEMPLE

Des parents achètent avec leurs enfants une maison en indivision pour le prix de 100 000 €, les parents pour 40 % en pleine propriété et les enfants pour 60 % en pleine propriété.

L'année suivante, les enfants reprennent l'immeuble. Ils paieront donc 1 % de 100 000 €, soit 1 000 € de droits d'enregistrement et non 12,5 % sur 60 000 €, soit 7 500 €.

Il peut dès lors être intéressant d'intégrer les enfants même pour 0,5 % ou 1 % dans l'acquisition d'un immeuble, afin de leur permettre de reprendre ce bien, par la suite, à moindre coût, le cas échéant au moyen de fonds remis par donation.

Je souhaite donner mon immeuble. N'est-il pas plus avantageux de le vendre et d'en donner le prix ?

Oui, cela peut être plus avantageux, vu la différence importante entre les taux de taxation pour une donation de biens immeubles et pour la donation de biens meubles.

Il est donc envisageable de vendre un immeuble afin d'en donner ensuite le montant, par une donation manuelle ou via une donation mobilière enregistrée.

La vente de l'immeuble permettra donc d'éviter les droits de succession, et de réaliser la transmission de valeurs à la génération suivante à des taux particulièrement bas.

Considérant que les taux de droits d'enregistrement relatifs aux donations immobilières, et ce dans les trois régions du pays, ne sont jamais inférieurs à 3 %, il sera d'un point de vue strictement mathématique toujours plus intéressant de réaliser une donation mobilière.

Exemple 1

Bernard et Corinne ont un enfant (Gaëlle) et possèdent un appartement estimé à 160 000 €. Ils souhaiteraient donner ce bien à leur fille.
Deux possibilités se présentent :

- Donation immobilière. Droits d'enregistrement en Région wallonne : 8 450 € (il s'agit en fait de deux donations en ligne directe de 80 000 € : soit Bernard à Gaëlle et Corinne à Gaëlle).
- Donation mobilière. Les parents vendent le bien et donnent les 160 000 € taxés à 3 %, à savoir 4 800 €.

Différence : 3 650 €.

Exemple 2

Bernard et Corinne n'ont pas d'enfant, mais souhaitent faire donation de leur appartement à leur voisin. Deux possibilités s'offrent à eux :

- Donation immobilière : les droits d'enregistrement en Région wallonne au taux entre étrangers : 106 125 €.
- Donation mobilière : ils vendent le bien et donnent les 160 000 € taxés à 7 %, c'est-à-dire 11 200 €.

Différence : 94 925 € !

Quelle est l'incidence de la suppression des titres au porteur en matière de donation ?

Avant, il était facile de faire un don manuel de titres au porteur. En effet, leurs propriétaires étant par définition inconnus, il n'y avait aucune taxation en droit d'enregistrement. Il en allait de même en droits de succession, si le donateur survivait trois ans à la donation.

Depuis 2005, il n'est plus possible de procéder de la sorte. En effet, les titres nominatifs ou les titres dématérialisés sont des biens "meubles incorporels", qu'on ne peut plus transmettre de la main à la main.

- En ce qui concerne les titres nominatifs, et même si le propriétaire des titres est connu grâce à son inscription dans le registre des associés, le don manuel n'est pas possible.

  Seule une donation notariée ou une donation indirecte pourra donc être envisagée. L'acte devra mentionner les numéros des titres, s'ils sont entièrement libérés et à partir de quel moment le donataire en percevra les revenus.

- En ce qui concerne les titres dématérialisés, il est également possible d'envisager la donation notariée ou la donation par virement bancaire de la même manière que pour une somme d'argent détenue sur un compte épargne.

  Dans l'hypothèse d'une donation notariée, il est indispensable d'effectuer **postérieurement** à celle-ci le transfert des titres vers le compte du donataire, afin de rendre le transfert opposable aux tiers.

Puis-je transférer mon patrimoine via la constitution d'une société ?

Oui, il est possible de transférer son patrimoine en l'apportant à une société, belge ou étrangère, afin de faire donation non pas des biens apportés, mais des titres de la société.

De nombreuses modalités peuvent être envisagées selon la situation des candidats donateurs.

- Tout d'abord, le choix entre une société sans ou avec personnalité juridique. Dans cette seconde option, il existe de nombreux types de sociétés, dont les principales sont : société anonyme, société privée à responsabilité limitée, société en commandite par actions, société coopérative.
- Après cette première distinction, il y a lieu de faire attention aux types de biens à apporter dans cette société : biens mobiliers, biens immobiliers destinés ou non à l'habitation et ensuite la comparaison des conséquences fiscales de ce choix.

- Une fois la société constituée et les biens apportés, les associés pourront faire donation de ses titres. **Attention !** En Région wallonne, les titres des sociétés patrimoniales et des sociétés immobilières non cotées ne peuvent pas bénéficier des taux réduits de 3, 5 ou 7 %.

Comment créer une société de droit commun ?

Une société de droit commun (anciennement dénommée société civile) est une société qui n'a pas de personnalité juridique. Les biens qui y sont apportés sont considérés comme étant restés en indivision. Les sociétés sans personnalité juridique ne doivent pas nécessairement être constituées par acte authentique. Institué par acte sous seing privé, ce type de société a un atout complémentaire : sa discrétion.

Les frais de fonctionnement de la société seront faibles, car il ne faut pas :

- faire un plan financier;
- de capital de départ;
- d'attestation bancaire;
- de publication au Moniteur belge;
- tenir de comptabilité;
- présenter un rapport annuel.

Certaines règles devront néanmoins être respectées :

- tenir une assemblée générale annuelle;
- tenir un registre de parts;
- ouvrir un compte bancaire individualisé, ...

➤ *Comment réaliser pratiquement l'opération ?*

Les donateurs créent la société de droit commun, apportent les biens qu'ils veulent donner et effectuent dans un délai raisonnable la transmission progressive des parts de la société, moyennant une imposition réduite voire nulle, éventuellement avec réserve d'usufruit au profit du ou des donateur(s).

Une fois la donation effectuée, un lien d'indivision subsiste entre les associés donataires. Ce procédé permet donc aux fondateurs de maintenir le contrôle de la société familiale.

➤ *Qu'en est-il des apports de biens immobiliers dans ce type de société ?*

Rappelons que seuls les apports à une société possédant la personnalité juridique sont soumis au droit d'apport.

Celui-ci s'élève à 0 %, sauf s'il s'agit de l'apport d'un immeuble destiné à l'habitation, qui sera alors taxé à 12,5 % (droit de vente).

L'apport à une société sans personnalité juridique n'est, lui, pas taxé.

Sur le plan fiscal, la société sans personnalité juridique est transparente, les dividendes qu'elle distribue à ses associés sont considérés comme perçus directement sans taxe ou impôt de droit des sociétés, à l'exception du précompte mobilier retenu à la source par la société.

Cette technique suppose que l'entente reste au beau fixe entre les personnes qui devront gérer la société en droit commun.

Une société civile peut être constituée pour une durée déterminée, par exemple jusqu'au décès d'un de ses associés, ou indéterminée. Dans ce dernier cas, la société pourra être dissoute à tout moment, si un seul des associés le souhaite. Fiscalement, la dissolution d'une société civile, se composant uniquement de biens meubles, ne coûtera qu'un droit fixe d'enregistrement, soit 25 €.

Si la société civile comprend des immeubles, les associés devront payer le droit d'enregistrement de partage d'1 % sur la valeur totale des immeubles.

Comment créer une société holding ?

Le holding est une société patrimoniale ayant une personnalité juridique.

Il s'agit d'une société dont la principale activité consiste en la détention, la gestion, l'acquisition et l'aliénation des participations majoritaires ou minoritaires dans des entreprises liées ou non à la holding.

S'agissant d'une société avec la personnalité juridique, elle doit répondre aux règles de forme et de fonctionnement des sociétés : la constitution par acte authentique, un capital de départ, l'obligation de tenir une comptabilité, de déposer des comptes annuels, ...

Il ne faut pas non plus perdre de vue le coût de dissolution de cette société. En effet, outre l'impôt de liquidation de la société, les immeubles composant ces sociétés feront l'objet d'une taxation sur la plus-value.

Je souhaite créer une société pour transférer mon patrimoine, quelle forme de société choisir ?

Le choix de la société patrimoniale doit s'analyser en fonction du type de patrimoine en cause et des objectifs poursuivis. La prudence recommandera de n'envisager que des sociétés à responsabilité limitée.

1) la **société anonyme (SA)**

- capital minimum : 61 500 €;
- libération minimum du capital : 61 500 €;
- nombre minimum d'actionnaires : deux;

- responsabilité des actionnaires : limitée à leur mise;
- catégories de titres : nominatifs et dématérialisés, avec possibilité de créer des titres ayant des droits différents;
- administration : un conseil d'administration toujours révocable composé au minimum de trois personnes (actionnaires ou non) agissant en collège. Deux administrateurs suffisent s'il n'y a que deux actionnaires.

2) la société privée à responsabilité limitée (SPRL)

- capital minimum : 18 550 €;
- libération minimum du capital : 6 200 €;
- nombre minimum d'associés : un;
- responsabilité des associés : limitée à leur mise;
- catégories de titres : nominatifs;
- administration : au minimum un gérant (associés ou non), irrévocable si désigné dans les statuts.

3) la société commandite par actions (SCA)

- capital minimum : 61 500 €;
- libération minimum du capital : 61 500 €;
- nombre minimum d'actionnaires : deux;
- responsabilité des actionnaires : limitée pour les commandités et illimitée pour les commanditaires;
- catégories de titres : nominatifs et dématérialisés avec possibilité de créer des titres ayant des droits différents;
- administration : au moins un gérant qui doit être associé commandité et désigné dans les statuts. Sauf convention contraire dans les statuts, il est irrévocable.

4) la société coopérative à responsabilité limitée (SCRL)

- capital minimum : 18 550 €;
- libération minimum du capital : 6 200 €;
- nombre minimum d'associés : trois;
- responsabilité des associés : limitée à leur mise;
- catégories de titres : nominatifs avec possibilité de créer des titres ayant des droits différents;
- administration : au moins un administrateur associé ou non, en principe révocable.

Comment faire une donation à mes enfants mineurs ?

La donation est un contrat qui nécessite l'acceptation du donataire.

Un enfant mineur non émancipé ne peut pas accepter une donation. Il existe, néanmoins, des règles protectrices des mineurs et un système d'autorisation préalable du juge de paix du domicile de l'enfant et d'acceptation de la donation par son représentant légal.

Il est cependant possible d'éviter l'autorisation judiciaire en faisant accepter la donation par un ascendant légal du mineur, et ce même s'il n'est pas son représentant légal.

Exemple

Julien a 15 ans.

- Si son père veut lui faire une donation d'un bien propre, sa mère ou son grand-père peut accepter cette libéralité à sa place.
- Si les parents de Julien désirent lui donner un bien commun, seul un autre ascendant, son grand-père p.ex., pourra accepter cette libéralité.
- Enfin, si les parents de Julien (mariés sous le régime de séparation des biens ou cohabitant) désirent lui donner des biens indivis, ils pourront, dans le même acte, donner leur moitié indivise et accepter la donation de l'autre moitié indivise donnée par l'autre parent.

Dans l'hypothèse où il n'est pas possible d'éviter l'autorisation judiciaire, le juge de paix demandera une expertise du bien, afin de pouvoir vérifier l'intérêt de l'enfant dans l'opération.

N'y a t il pas une alternative aux droits de donation ?

À la lecture de ces quelques pages, on constate qu'aucune solution miracle n'existe et que les différentes possibilités reprises ci-dessus, qui premettent de transmettre son patrimoine, doivent être analysées au cas par cas.

Avant tout but fiscal, une programmation successorale réussie est celle qui permettra d'éviter les discussions au décès des intéressés et qui assurera la bonne entente des membres de la famille.

À défaut de supprimer toute taxation, il est cependant possible d'opter pour des mécanismes qui présentent tous et des avantages et des inconvénients : don manuel, donation mobilière enregistrée, apport en société, donation immobilière simple ou avec réserve d'usufruit, vente d'un bien immobilier et donation du prix, donation "de residuo", double acte, testament, ...